Pour être tenu au courant de nos publications,
envoyez vos coordonnées à :

edition@laplage.fr
www.laplage.fr

© Éditions **La Plage**, 58 rue Jean Bleuzen 92178 Vanves Cedex
Dépôt legal : janvier 2013
ISBN : 978-2-84221-318-3
1131333/18

Illustrations : Elodie-Joy Joubert
Conception graphique : David Cosson – dazibaocom.com
Correction : Clémentine Bougrat

Imprimé à Barcelone (ES) sur du papier issu de forêts gérées durablement, sur les presses de Egedsa (Espagne), un imprimeur labellisé pour ses pratiques respectueuses de l'environnement.

Layering

Secret de beauté des Japonaises

Elodie-Joy JAUBERT

éditions la plage

Sommaire

Introduction

Au Japon, il existe un culte de la beauté, appelé « bihaku » (« bi » signifie « beau », « beauté », et « haku » signifie « blanc »), dont les critères sont déterminants pour la réussite de la vie d'une femme. Ils ont une réelle importance socioculturelle. À tel point qu'une Japonaise se doit d'avoir un visage parfait si elle espère être demandée en mariage. Une fois qu'elle est mariée, son obsession de la jeunesse de la peau perdure, car elle doit faire la fierté de son mari. Il est connu qu'au Japon, il existe un fanatisme masculin autour de la fraîcheur des jeunes filles. Leur aspect angélique, les traits poupins sont des éléments de séduction incontournables pour les Japonais.

Les Japonaises sont réputées paraître 10 ans de moins que leur âge. Mais d'où leur vient cette peau éclatante ? Il est incontestable que la génétique joue un rôle. Mais est-ce vraiment la seule chose qui fait la différence entre nous autres, Européennes, et ces fleurs fraîches du bout du monde ?

Au Japon, une belle femme est une femme qui a la peau douce, blanche, saine et rebondie comme l'est celle d'un bébé. « Tu as la peau comme un mochi ! » Voilà l'expression employée pour définir cet aspect parfait et soyeux. La peau doit adopter la douceur et la fermeté de ce gâteau de riz onctueux pour atteindre son paroxysme de beauté et de santé. Pour avoir une peau de la texture gratifiante du mochi, les Japonaises ont élaboré une culture des soins traditionnels très minutieuse, qui se transmet de génération en génération. Ce secret de beauté est un rituel quotidien de soins sophistiqués dénommé « layering », un mot anglais qui signifie « superposition de couches ».

Ici, le mot « couches » est relatif aux différents soins appliqués à la peau. C'est comme si vous aviez plusieurs films protecteurs et nourrissants pour votre épiderme. Des gestes qui ont chacun un rôle et qui se succèdent en de nombreuses étapes auxquelles il ne faut pas déroger si l'on souhaite afficher une peau éclatante ! Certaines verront dans le *layering* une façon de prendre soin de sa peau de manière trop onéreuse, d'autres penseront qu'il s'agit là d'un concept marketing ou encore d'une considérable perte de temps, et que leur grand-mère avait une peau resplendissante avec comme seuls produits de beauté un savon de Marseille et une crème. Il est tout à fait normal de se montrer sceptique envers ce que d'autres appelleront un « effet de mode », mais il n'en est pas moins vrai que toutes celles qui se sont mises au *layering* y ont trouvé une véritable réponse en découvrant leur peau transformée au fil des semaines. Comme toute routine de beauté, le *layering* doit être réalisé dans les règles de l'art pour un effet maximal.

Ce qui est extraordinaire avec ce procédé de soins, c'est que l'on en devient très vite accro. Pourquoi ? Peut-être simplement parce qu'il engendre une prise de conscience, un temps que l'on s'offre à soi-même, une façon de prendre soin de sa peau, comme un geste profond d'amour, de redécouverte de son apparence et de l'image que l'on souhaite avoir de soi, à travers une peau nourrie, un teint lumineux au grain affiné. Comme le disent les Japonaises, il permet « d'être en harmonie avec les éléments ».

Le *layering* est un protocole de soins qui s'effectue matin et soir. À travers ce petit livre, chaque étape sera présentée de manière simple et accessible. Ce secret de beauté est adapté à tous et à toutes les bourses ; il suffit de savoir utiliser les produits convenant à votre type de peau.

De la même manière, les cheveux longs et soignés font partie intégrante des caractéristiques de la beauté d'une femme et les Japonaises ont mis au point un protocole de soins en 5 étapes, le «layering capilaire», que nous détaillerons également.

Bien sûr, le *layering* s'adapte à tous les produits cosmétiques, qu'ils soient certifiés bio ou non. Mais pour ma part, je cible mes choix sur des soins naturels, bio et éthiques, avec des matières premières non traitées et non chimiques ou, le plus souvent, des matières brutes.

À vous maintenant de découvrir une nouvelle façon d'aborder vos soins de beauté, pour une peau irréprochable !

Le rituel du layering

Comme vous l'aurez compris, le *layering* est un concept qui s'organise autour de la superposition de « couches » de soins, de manière à optimiser l'éclat de votre peau. Chaque « couche » représente une étape et un bienfait apporté à la peau. Matin et soir, l'ordre chronologique doit être scrupuleusement respecté. Les deux premières étapes du *layering* forment le « double nettoyage ». Aujourd'hui, la pollution extérieure est si forte qu'il est important de faire du zèle pour retrouver une peau saine et fraîche. Vous allez ressentir une vraie sensation de peau « propre », un sentiment de netteté incomparable !

- **Étape 1 :** le démaquillage à l'huile (juste le soir).
- **Étape 2 :** le nettoyage.
- **Étape 3 :** la lotion.
- **Étape 4 :** le sérum.
- **Étape 5 :** le contour des yeux.
- **Étape 6 :** la crème de jour ou de nuit.
- **Étape 7 :** le baume à lèvres.

Bien sûr, présenté de cette manière, le *layering* semble long et peut-être même compliqué. Cependant il n'en est rien. Souvenez-vous que toute chose, au début de son apprentissage, semble compliquée et longue. Une fois que vous aurez mémorisé et compris le sens du déroulement du *layering*, il ne vous faudra pas plus de 10 minutes pour exécuter ces étapes.

Étape 1 :
le démaquillage à l'huile

Pourquoi se démaquiller ?

Sachez qu'aujourd'hui, notre peau subit des agressions et une pollution toujours plus fortes. Au départ, elle est naturellement recouverte d'un film protecteur, car la nature fait bien les choses. Malheureusement, celle-ci ne s'était pas doutée que l'homme, par son industrialisation excessive et son mode de vie, finirait par transformer l'air en une vraie bombe chimique qui détruit à elle seule tous les films qui sont censés nous protéger des agressions extérieures.

Chaque jour, votre peau est confrontée aux attaques de facteurs très divers comme le climat (froid, vent, chaleur, écarts de température), les rayonnements UVA et UVB du soleil, la fumée de cigarette, les gaz d'échappement, l'ozone, les hydrocarbures... Tous ces facteurs de pollution provoquent des dégradations de l'épiderme. Ils favorisent l'accélération du vieillissement cutané, le relâchement de la peau, l'apparition de rides marquées, un épaississement de la couche cornée, la déshydratation de la peau, la modification du collagène...

Pour toutes ces raisons, le démaquillage, même si vous n'êtes pas maquillée, est devenu une étape quotidienne essentielle. D'ailleurs, vous pourrez retrouver les traces de ces facteurs de pollution sur votre coton démaquillant qui, après toute une journée, sera bien noir de « crasse » alors que vous n'aurez pas fait grand-chose de « salissant ».

Aujourd'hui, les pros du marketing proposent d'utiliser toutes sortes de démaquillants : gels, eaux micellaires ou autres cosmétiques dont les résultats ne sont pas toujours optimaux. Vous pouvez opter pour un lait démaquillant de bonne qualité et certifié bio, mais le démaquillant le plus efficace et le plus utilisé par les Japonaises est l'huile. En effet, la seule chose qui permette de démaquiller en profondeur est un corps gras, matière première des démaquillants, et quoi de plus gras et de plus naturel que l'huile végétale biologique ?

Je vois déjà vos visages inquiets. Pourquoi l'huile végétale est-elle si mésestimée ? Il y a autour de l'huile toute une légende urbaine, selon laquelle elle serait trop grasse et elle ferait éclore sur votre peau des boutons disgracieux. Sachez que l'huile vient à bout de tous les maquillages, même waterproof, ainsi que des graisses et des polluants qui se sont si facilement logés sur votre peau et dans vos pores tout au long de la journée. Je vous en prie, tordez le cou aux a priori ! Figurez-vous qu'il existe des dizaines d'huiles différentes et que chacune d'elles a des vertus et des qualités spécifiques, ce qui les rend accessibles à toutes les peaux.

Comment utiliser votre huile pour vous démaquiller ?

Avant chaque layering, lavez-vous bien les mains à l'eau et au savon. Séchez-les. Mettez de l'huile dans le creux de vos mains. Sur une peau sèche, appliquez-la directement sur votre visage maquillé ou non. Effectuez un massage circulaire et très doux sur l'ensemble de votre visage. Votre peau est fragile. Si votre massage est trop fort, vous risquez d'obtenir l'effet inverse et vous vous abîmerez la peau. Massez-vous « gentiment ». Le but est de ne pas « stresser » votre épiderme mais seulement de le nettoyer en profondeur tout en le nourrissant. Pour cette étape vous n'avez besoin que de vos mains. Si vos yeux sont très maquillés, une fois que vous les avez massés à l'huile (voir schéma/photo) vous pouvez finir avec un coton pour enlever le surplus de maquillage (mais seulement sur les yeux). Attention : N'oubliez pas votre cou. Lui aussi a subi la pollution et a besoin d'être nettoyé et nourri. On a trop tendance à oublier cette zone qui fait pourtant partie des zones les plus sensibles aux marques du temps. Une fois votre démaquillage à l'huile et votre massage terminés, rincez votre visage à l'eau claire.

Quelle huile choisir ?

Chaque huile a ses vertus. À vous de trouver la vôtre ! Elle doit être certifiée bio et entièrement naturelle ; elle ne doit contenir aucun additif. Trop souvent, les industriels ont la manie d'ajouter des substances chimiques, des colorants, des conservateurs dans leurs formules cosmétiques. C'est même le cas pour des huiles végétales qui n'ont besoin de rien pour se conserver. Soyez donc vigilante quant à la composition de vos produits. Ce serait bien dommage d'ôter les polluants extérieurs qui sont venus boucher vos pores pour ensuite ajouter, avec vos couches de soins, d'autres toxines qui risquent d'aller directement dans votre sang !
Pour ma part, je vous conseille d'utiliser les huiles d'olive, de coco, de noyau d'abricot ou d'amande douce, qui sont souvent les moins onéreuses. Pour le démaquillage, elles sont largement suffisantes. Si vous en avez envie, vous pouvez aussi en choisir une plus « précieuse » (fabriquée à base d'ingrédients plus rares, plus exceptionnels), donc plus chère. Cela dit, je ne pense pas qu'il soit nécessaire d'opter pour une huile précieuse à l'étape du démaquillage, car ce qu'on recherche alors est avant tout sa qualité de corps gras.

Voici quelques exemples d'huiles végétales et de leurs bienfaits.

L'huile d'olive

C'est la plus économique et, malgré cela, l'une des plus efficaces. Il paraît que notre chère Jeanne Calment, qui vécut 122 ans, massait sa peau du bout des doigts avec de l'huile d'olive vierge extra ! Elle adoucit, assouplit la peau et atténue les rides. Elle est riche en vitamines A, D, E et K.

L'huile de noyau d'abricot

C'est une huile adoucissante et nourrissante. Elle a la particularité de donner un coup d'éclat et du tonus à la peau. Riche en vitamines A et E, elle est parfaite même pour les peaux les plus sensibles et lutte efficacement contre les effets du vieillissement.

L'huile d'amande douce

Émolliente et apaisante, elle apporte douceur et velouté à la peau. Elle est parfaite pour les peaux sensibles et réactives, ainsi que pour les peaux sèches voire très sèches.

L'huile de camélia

Très prisée par les Japonaises, elle ralentit la déshydratation et permet de lutter contre le vieillissement prématuré de la peau. Elle est nourrissante, protectrice et adoucissante. Elle a des vertus émollientes.

L'huile d'argan

Elle est très nourrissante et prévient le dessèchement de la peau. Efficace pour traiter le psoriasis, les rougeurs ou encore l'acné.

L'huile d'avocat

Parfaite pour lutter contre les rides, elle possède des propriétés hydratantes et protectrices. Riche en vitamines A, B, C, D, E, H et K, elle aide à la régénération des cellules de la peau.

L'huile de jojoba

Elle est nourrissante et adoucissante. C'est un parfait antirides. Elle a des propriétés cicatrisantes et rééquilibrantes.

L'huile de rose musquée

Une des meilleures huiles antirides. Elle est réputée pour ses vertus cicatrisantes. Parfaite pour les peaux sèches et irritées, elle apporte de nombreuses vitamines : A, E, D...

Les gestes d'un bon massage à l'huile

Étape 2 : le nettoyage

Le nettoyage en profondeur va vous permettre de dissoudre le surplus d'huile, pour une peau toujours plus fraîche et nette, exempte de toute impureté.

Comment nettoyer votre visage ?

Pour cette étape, il vous faut utiliser un savon doux et l'eau du robinet.

Vous venez de rincer votre huile démaquillante à l'eau claire. Votre peau est donc encore humide. Utilisez votre savon et l'eau du robinet pour vous laver le visage et effacer tout reste d'huile. Rincez-vous à l'eau claire pour finaliser ce nettoyage.

Une fois cette étape terminée, votre peau est nette, purifiée et déjà légèrement hydratée. Vous ressentez un agréable et intense sentiment de propreté et, au toucher, votre peau est plus douce.

Quel savon choisir ?

Achetez votre savon en magasin bio ou en pharmacie. Il peut se présenter sous forme liquide ou solide et ne doit pas être trop agressif. N'oubliez pas que votre peau a besoin de douceur. Vous pouvez opter pour un savon doux (sans glycérine et sans huile de palme) au miel, un savon surgras, un savon sans savon, le célèbre savon d'Alep ou encore un savon au lait d'ânesse.

Le savon au lait d'ânesse

Le lait d'ânesse est connu depuis l'Antiquité. C'est Cléopâtre, reine d'Égypte, qui fut la première à mettre en avant ses bienfaits pour la peau. En effet, on attribue à ce lait de nombreuses vertus exceptionnelles, entre autres celles de revitaliser et de régénérer la peau tout en maintenant son élasticité naturelle.

Le savon d'Alep

Il existe depuis des centaines d'années ; c'est l'ancêtre de notre bon vieux savon de Marseille. Je vous parle donc là d'un savon issu d'une recette ancestrale, qui nous vient de la ville d'Alep, en Syrie, d'où son nom. Le secret de ce produit naturel et biologique à souhait vient de l'alliance parfaite de l'huile d'olive et de l'huile de baie de laurier.

Par sa composition, le savon d'Alep possède des propriétés variées et s'utilise pour tout. L'huile d'olive nourrit et adoucit la peau, tandis que l'huile de baie de laurier rétablit le film hydrolipidique qui protège la peau et possède un effet antiseptique et désinfectant.

C'est le pourcentage d'huile de baie de laurier qui détermine son efficacité dermatologique. Avec une teneur de plus de 20 % en huile de baie de laurier, le savon d'Alep est recommandé contre l'acné, l'eczéma, le psoriasis, les croûtes de lait, la peau sèche et même les pellicules.

Le savon au miel

Le miel possède de nombreuses vertus. C'est un produit dit « vivant » et entièrement naturel. Dans la fabrication du miel, l'homme n'intervient pas. Rappelons qu'il est utilisé depuis 7 000 ans av. J.-C.
Le miel est bon pour tous les types de peaux. Il adoucit l'épiderme, le nourrit et apaise les peaux irritées. Très riche en substances minérales et en acides aminés, il est une bombe de vitamines. Il peut être appliqué directement sur la peau et est donc un parfait composant pour un savon !

Le savon surgras

Comparé à un savon habituel, le savon surgras est plus riche en huile végétale. Il est parfaitement adapté pour les peaux sèches et sensibles. Il permet de nettoyer la peau tout en la nourrissant.

Le « savon » sans savon

On l'appelle « savon » car il est présenté sous la même forme et il a la même fonction qu'un savon lambda, c'est-à-dire nettoyer la peau, même si sa composition diffère. C'est le plus recommandé pour la peau. Pourquoi ? Parce que le pH de notre peau est acide. Tous les savons habituels n'ont pas un pH aussi acide qu'elle, ce qui déstabilise notre épiderme. Le « savon » sans savon présente l'intérêt de posséder le même pH que notre peau (pH entre 5,2 et 7). Malheureusement, à ce jour, on n'en trouve pas en cosmétique bio. Il faudra vous rendre en pharmacie pour vous en procurer.

Le layering sans l'étape de l'eau et du savon

L'eau qui sort du robinet est de plus en plus « dure », à cause de ses composants calcaires entre autres. Beaucoup de peaux ne la supportent plus. Pas d'inquiétude ! L'étape du double nettoyage peut se faire sans eau ni savon. Pour cela, imbibez un coton démaquillant de votre eau florale. Passez-le sur la totalité de votre visage et de votre cou. Cela retira l'huile démaquillante, mais aussi et surtout toutes les impuretés logées sur votre peau. Il vous faudra répéter plusieurs fois le geste, en changeant chaque fois de coton et en l'imbibant toujours d'eau florale. Vous serez surprise de voir tout le maquillage et la « saleté » que vous retirerez. Renouvelez l'opération jusqu'à ce que votre coton ne soit plus sale.

Astuce écolo

On trouve des disques démaquillants réutilisables, lavables en machine. C'est écologique et économique. Vous les trouverez dans les magasins bio ou sur Internet. Si vous avez l'âme d'une couturière, vous pouvez aussi en confectionner vous-même, avec du tissu doux en coton biologique.

Étape 3 : la lotion

L'étape de la lotion prépare votre peau à recevoir les soins ultérieurs. Elle a pour but de tonifier, de resserrer vos pores et de rééquilibrer votre peau. De plus, la lotion dissout le calcaire qui a infiltré vos pores et qui les bouche. En effet, l'eau du robinet est plus ou moins calcaire selon les régions, et celui-ci est agressif pour notre jolie peau, générant boutons, rougeurs, sécheresse et tiraillements.

Comment appliquer votre lotion ?

Vous avez plusieurs possibilités.

- À l'aide d'un coton : imbibez-le de lotion et passez-le sur la totalité du visage. Ne frottez pas. Passez-le telle une caresse sur votre peau, pour ne pas agresser ni irriter celle-ci en tapotant doucement.
- Si votre lotion se présente sous forme de spray, vaporisez-la généreusement sur votre visage et laissez agir quelques secondes, puis séchez à l'aide d'un mouchoir en papier ou, si vous n'avez pas la peau sèche, laissez-la sécher toute seule.

Après cette étape, la peau est propre, sèche, souple, les pores sont resserrés.

Quelle lotion choisir ?

Vous trouverez une lotion dans presque toutes les gammes de cosmétiques bio. À vous de la choisir en fonction de votre type de peau.

Les eaux florales

Une eau florale, ou hydrolat, est le résidu aqueux de la distillation à la vapeur de plantes (fleurs, feuilles, racines) dans le cadre de la fabrication d'huile essentielle. Par cette distillation, les qualités cosmétiques de la plante sont préservées. Si on les compare aux huiles essentielles, les eaux florales se révèlent tout aussi efficaces, mais elles sont beaucoup moins concentrées en molécules aromatiques. C'est pourquoi elles sont bien mieux tolérées par l'épiderme. Comme pour les huiles, il existe toutes sortes d'eaux florales, chacune ayant ses qualités.

L'eau florale de lavande

Elle est reconnue pour ses propriétés cicatrisantes, apaisantes et antiseptiques. Elle élimine efficacement toutes les impuretés. Pour les peaux mixtes, irritées, grasses ou acnéiques.

L'eau florale de bleuet

Parfaite pour décongestionner et apaiser la peau, elle apporte une sensation immédiate de fraîcheur. Adaptée aux peaux mixtes.

L'eau florale de camomille

Anti-inflammatoire, elle calmera vos rougeurs. Elle régénère et apaise l'épiderme. Convient en cas de peau mixte, sèche, sensible ou irritée.

L'eau florale de fleur d'oranger

Rééquilibrante et apaisante, elle a aussi des propriétés adoucissantes. Convient en cas de peau mixte, sèche ou sensible.

L'eau florale de géranium

Parfaite pour lutter contre les imperfections, elle nettoie la peau en profondeur et apaise les rougeurs diffuses. Pour les peaux mixtes, irritées ou acnéiques.

L'eau florale d'hamamélis

Elle possède des propriétés purifiantes, anti-inflammatoires, calmantes et astringentes. Pour les peaux mixtes, irritées ou sensibles.

L'eau florale de rose

Elle sent divinement bon ! Elle est raffermissante, hydratante et antirides. C'est un incontournable qui convient aux peaux mixtes, sèches, matures ou grasses.

Attention : utilisez de l'eau florale pure, sans produits chimiques ni conservateurs ajoutés. Je vous déconseille les eaux florales additionnées d'alcool, qui peut être agressif pour votre épiderme.

Le vinaigre de lavande

Parfait allié des peaux à imperfections, ce vinaigre (qui ne sent pas le vinaigre) vous conquerra très vite grâce aux bénéfices qu'en tirera votre peau. Il est encore plus efficace que l'eau florale de lavande ! Il prévient l'apparition des comédons et resserre les pores de la peau. La lavande, qui dégage une fragrance des plus agréables, est aussi reconnue depuis toujours pour ses vertus antiseptiques, cicatrisantes et bactéricides. Cette formule est vraiment naturelle et deviendra très vite votre référence pour lutter efficacement contre vos problèmes de peau. Vous pouvez trouver facilement du vinaigre de lavande en vente sur Internet à tout petit prix.

Le vinaigre de cidre

Savez-vous que le vinaigre de cidre biologique est une vraie mine d'or pour votre peau ? Il est tout aussi puissant et actif que bon nombre de crèmes et de soins spécifiques onéreux. Le vinaigre de cidre biologique est riche en éléments nutritifs. Son pH est presque le même que celui de la peau. Il est sans danger ! Il efface à lui seul les traces de savon, dissout le calcaire et le chlore contenus dans l'eau. Il resserre les pores et favorise la circulation sanguine.

Le seul bémol que l'on puisse lui attribuer est son odeur. Heureusement, elle n'est pas persistante sur la peau et s'évapore très vite. Cependant, si elle vous incommode trop, vous pouvez confectionner un vinaigre de cidre de beauté en y faisant macérer des fleurs ou plantes aromatiques (lavande, rose, thym, romarin, menthe...) pendant 2 à 3 semaines, en secouant souvent votre bouteille.
Si vous avez la peau sensible, vous pouvez diluer le vinaigre de cidre dans de l'eau de source (moitié eau et moitié vinaigre de cidre). Conditionnez votre lotion dans une bouteille spray bien hermétique, parfaitement propre et désinfectée, et vaporisez-la sur un coton pour en faciliter l'application. Conservez-la au frais et utilisez-la rapidement, car l'ajout d'eau la rend plus sensible aux bactéries. Pensez à ne pas préparer de trop grandes quantités pour ne pas gâcher vos soins maison.

Le citron de beauté

En utilisation externe, le citron combat les rides du visage et les taches sur les mains. Il assouplit la peau et la tonifie. Astringent et antibactérien, il assèche les boutons disgracieux et resserre les pores.
Diluez son jus dans de l'eau de source (moitié eau et moitié jus de citron bio). Conditionnez votre lotion dans une bouteille spray et vaporisez-la sur un coton pour en faciliter l'application. Conservez-la au frais et utilisez-la rapidement, car l'ajout d'eau la rend plus sensible aux bactéries. Pensez à ne pas préparer de trop grandes quantités pour ne pas gâcher vos soins maison.

L'eau de riz

L'eau de riz est très utilisée au Japon. Elle rééquilibre la production de sébum et affine le grain de peau. Riche en vitamines et en antioxydants, elle permet de préserver le film hydrolipidique (film protecteur de la peau) et de garder une peau fraîche et hydratée.
Vous pouvez confectionner de l'eau de riz chez vous. Pour cela, achetez du riz biologique. Il en existe toutes sortes, même des colorés ; vous pourrez ainsi vous amuser. Dans un bol, versez 1 tasse de riz. Recouvrez-le d'eau minérale. Mélangez à l'aide d'une spatule en bois. Une fois que l'eau est devenue bien trouble, vous pouvez la filtrer et la conditionner dans une bouteille hermétique parfaitement propre et désinfectée. Conservez cette lotion au frais et utilisez-la rapidement, car la présence d'eau la rend plus sensible aux bactéries. Pensez à ne pas préparer de trop grandes quantités pour ne pas gâcher vos soins maison.

Les glaçons au thé vert

Voici une lotion facile à préparer et qui sera un vrai cadeau de bienfaits pour votre peau ! Le thé vert est reconnu pour ses vertus anti-âge et revitalisantes. Plongez du thé vert de bonne qualité (bio) dans un volume d'eau minérale. Portez l'eau à ébullition, puis retirez du feu et laissez infuser toute la nuit. Le matin, vous retrouverez votre infusion refroidie et de couleur foncée. Retirez les feuilles de thé vert en filtrant l'eau. Ensuite, confectionnez des glaçons. Choisissez des sacs à glaçons si possible, car ils sont plus hygiéniques.

Ainsi, chaque fois que viendra l'étape lotion, vous pourrez prendre un glaçon et le faire glisser sur votre visage. Cela aura un effet tenseur immédiat et affinera votre grain de peau. En bonus, se passer tous les jours un glaçon sur le visage a pour effet de lutter efficacement contre les boutons. Attention cependant à ne pas vous brûler la peau avec vos glaçons. Le passage du glaçon doit être rapide et particulièrement bref sur les zones fines de la peau comme le contour des yeux.

L'éponge konjac

L'éponge konjac est une éponge végétale fabriquée à base des racines du konjac, un tubercule utilisé également comme épaississant ou comme coupe-faim. L'éponge Konjac nous vient du Japon, elle est naturellement spongieuse. Les Japonaises en sont très friandes pour nettoyer et exfolier leur visage tout en douceur.

Cette éponge s'utilise sans savon et sans autres lotions nettoyantes. Son utilisation est très simple : il suffit de l'humidifier et de la passer sur un visage lui aussi préalablement humidifié. Ce geste de beauté est respectueux de l'épiderme et adapté à toutes les peaux. Cette éponge totalement naturelle et biodégradable, par la stimulation du renouvellement cellulaire et sa vertu exfoliante,sera une parfaite alternative pour nettoyer en profondeur votre épiderme. L'éponge konjac se trouve facilement sur les sites de vente en ligne. Sa durée de vie est de deux à trois mois si vous savez en prendre soin en la laissant sécher entre chaque utilisation et que vous ne la tordez pas brutalement. Vous pouvez la nettoyer à l'eau chaude et au savon de Marseille une fois par semaine. Vous trouverez aussi de nombreuses éponges konjac aux vertus spécifiques grâce à l'ajout d'argiles : verte, rose, rouge... ou de charbon de bambou.

Étape 4 :
le sérum

Le sérum est un soin qui traite et stimule
les cellules de l'épiderme.
Choisissez-le selon vos besoins spécifiques :
antirides, réparateur ou encore antitaches.

Comment appliquer votre sérum ?

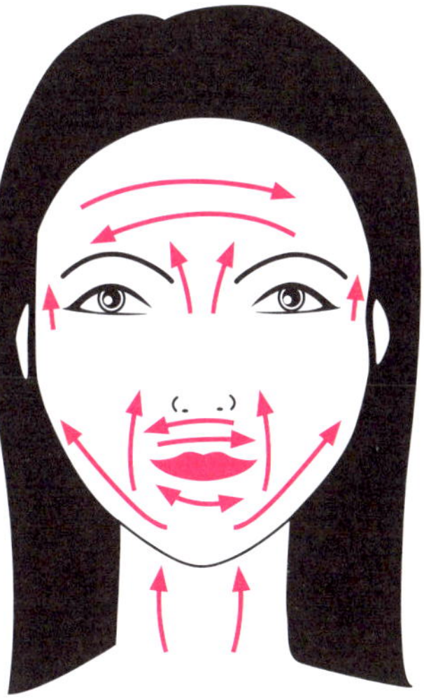

Vous n'avez pas besoin d'en utiliser beaucoup : une noisette suffit pour l'ensemble du visage et le cou.

Comme l'huile, appliquez-le du bout des doigts, de manière circulaire, en caressant votre peau. Vous pouvez cibler son application sur les zones à traiter selon vos besoins. Finissez par un tapotement léger, du bout des doigts, sur l'ensemble de votre visage, comme si vous jouiez du piano, très vite. N'utilisez pas vos ongles !

À la fin de cette étape, votre peau est prête pour recevoir la suite des soins.

Quel sérum choisir ?

Le sérum n'est pas une crème. Il se présente sous forme de fluide. Vous en trouverez dans toutes les gammes de cosmétiques bio.

Attention : le sérum n'est pas une crème hydratante et ne s'y substitue pas ! Ne pensez pas qu'il suffit à lui seul pour hydrater votre peau, ce serait une erreur d'appréciation.

L'aloe vera pur est un sérum parfaitement naturel. Il est rempli de vertus : il est anti-inflammatoire, hydratant, antiseptique, antifongique, désinfectant. Il contient des vitamines A, E et quelques vitamines du groupe B, ainsi que de nombreux sels minéraux indispensables tels que le phosphore, le potassium, le zinc, le calcium, le fer... Lisez bien sa composition : il doit être le plus pur possible et sans additifs. Conservez-le au réfrigérateur.

Digression : entre l'étape 4 et l'étape 5, il vaut mieux laisser passer quelques minutes. C'est donc le bon moment pour vous brosser les dents !

Étape 5 :
le contour des yeux

Voici un soin auquel nous ne pensons pas assez. Le contour de l'œil est l'endroit où la peau du visage est la plus fine et donc la plus sensible.

Comment appliquer votre soin du contour de l'œil ?

Souvent, on étale sa crème hydratante ou son sérum sur le contour des yeux. Grave erreur ! Cela peut accentuer les cernes et gonfler les yeux, souligner les poches, alors que c'est bien sûr le résultat inverse que nous recherchons. Sachez que le seul soin que le contour de vos yeux doit recevoir est celui qui lui est spécifique.

Seconde erreur fréquente : se masser les paupières avec acharnement ! Sachez que plus vous serez douce avec votre peau, mieux elle vous le rendra. La peau du contour de l'œil est si fine qu'en la massant et en la frottant trop fort, vous allez l'abîmer, la déformer et risquer de faire entrer votre produit de soin dans l'œil, qui va alors s'irriter.

Comme pour chaque soin, ne prélevez qu'une faible quantité de sérum, car la surface à traiter est très petite. Ce n'est pas parce que vous en appliquerez plus que l'effet anticernes sera plus efficace, au contraire. Alors ne gaspillez pas votre produit. Votre soin doit hydrater et traiter l'arcade sourcilière ainsi que la peau (cernes) sous les yeux. Appliquez-le du bout des doigts. Si vous voulez effectuer un léger massage doux pour favoriser la circulation du sang, contentez-vous de petits tapotements du bout des doigts sur l'os situé juste en dessous des cernes.

Quel soin du contour de l'œil choisir ?

Un soin du contour de l'œil se présente sous forme de sérum, de gel ou de crème fluide. Choisissez-le biologique, comme le reste de vos cosmétiques. Il est souvent plus cher que les crèmes hydratantes, et dans un contenant bien plus petit. Mais comme la dose utilisée est très faible, il doit durer longtemps ! Voici également quelques exemples de soins à moindre coût.

L'aloe vera pur

C'est un merveilleux tenseur naturel. Appliqué en toute petite quantité, il sera votre allié anticernes.

Les compresses de pomme de terre

Prélevez 2 fines tranches de pomme de terre et appliquez-les directement sur les yeux. Laissez-les quelques minutes. Vos yeux seront apaisés !

Les compresses à l'eau de bleuet

L'eau florale de bleuet est réputée pour défatiguer les yeux. On peut en préparer des compresses à appliquer sur les yeux pendant quelques minutes. Mais l'eau de bleuet peut aussi être utilisée comme lotion pour décongestionner les yeux sensibilisés et rougis par les écrans lumineux, la pollution ou encore la fatigue.

Les sachets de thé froid

Soyez écolo et ne jetez plus vos sachets de thé usagés ! Une fois que vous les avez utilisés, placez-les au réfrigérateur ; ils vous serviront à décongestionner vos yeux et à diminuer vos poches sous les yeux dès le jour suivant.

Les compresses de concombre

Placez un concombre au congélateur. Le matin au réveil, coupez-en 2 tranches et appliquez-les directement sur les yeux. Le concombre vous apportera ses propriétés astringentes et rafraîchissantes, qui vous apaiseront et défatigueront vos yeux.
Si vous avez une centrifugeuse, préparez un jus de concombre bio. Versez-le dans une coupelle ou un bol. Prenez des disques de coton et imbibez-les de votre jus de concombre frais. Placez-les ensuite dans une pochette à Zip, au congélateur. Lorsque vous aurez besoin de compresses pour apaiser et dégonfler vos yeux, sortez-en deux et posez-les pour quelques minutes sur une assiette propre (le temps de vous brosser les dents ou de vous nettoyer le visage), puis appliquez-les sur vos yeux. Votre regard sera rafraîchi.

Les glaçons au thé vert

Les glaçons au thé vert présentés page 21 favorisent la disparition des cernes. Il est important de préciser que vous ne devez pas poser un glaçon directement sur vos yeux ni ailleurs sur votre visage, mais qu'il faut simplement le faire glisser rapidement, de manière qu'il ne brûle pas votre peau. Ainsi, l'effet conjugué du froid et du thé vert raffermira vos tissus et rafraîchira immédiatement votre regard.

Une recette maison simple et efficace

L'huile végétale de calophylle a pour qualités de fluidifier et de faciliter la circulation sanguine. L'huile végétale de son de riz active la microcirculation et a un effet lissant. Les deux forment un parfait duo pour lutter efficacement contre les poches sous les yeux.
Dans un contenant (à pompe, c'est encore plus pratique) préalablement désinfecté, versez 10 ml d'huile de son de riz et 10 ml d'huile de calophylle. Fermez votre contenant et secouez-le avant chaque utilisation. Ce sérum ne contenant pas d'eau, il se conserve longtemps à l'abri de la lumière.

Attention : pour une efficacité maximale, veillez à ne prendre qu'une toute petite goutte de ce sérum. Réchauffez-la entre vos doigts avant de l'appliquer en massage circulaire doux sur le contour des yeux. Appliquez ce sérum matin et soir. La peau mettant presque 1 mois à se renouveler, ne soyez pas trop impatiente de voir les résultats. Et n'oubliez pas que pour qu'un soin soit efficace, il faut l'appliquer avec régularité.

Étape 6 :
la crème de jour ou de nuit

La crème de jour ou de nuit est une crème hydratante à choisir en fonction de votre type de peau. Elle complétera l'effet du sérum. Après cette étape, votre peau sera fin prête pour faire face aux agressions extérieures d'une longue journée, ou bien pour une nuit réparatrice.

Comment appliquer votre crème de jour ou de nuit ?

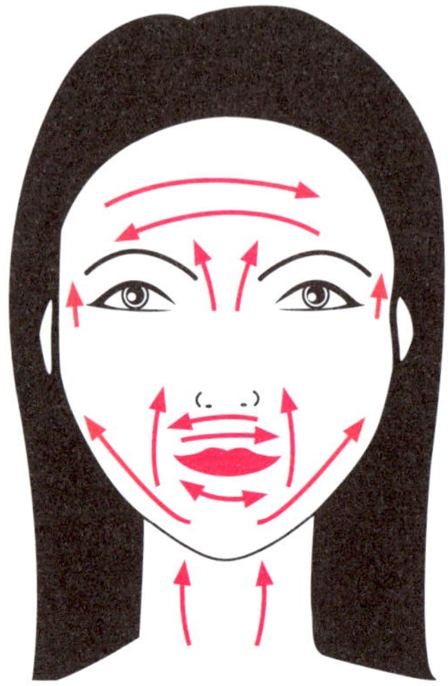

Encore une fois, pas besoin d'en utiliser une grande quantité. Apprenez à bien doser vos applications : une noisette suffira. Ne pas utiliser assez de crème la rendrait inefficace, mais en mettre trop aurait le même résultat... et serait peut-être même pire, car cela pourrait asphyxier votre épiderme.
Chauffez la crème entre vos mains, en les frottant l'une contre l'autre. Ensuite, appliquez-la en posant toute la surface de vos mains sur votre visage. Procédez par tapotements. Le but, rappelons-le, n'est pas de brutaliser votre peau en faisant pénétrer la crème par des mouvements brusques et « lourds ». Vos gestes doivent être respectueux de votre épiderme, donc doux et tendres, car les soins que vous portez à votre peau sont votre façon de l'aimer ; elle en sera d'autant plus belle et éclatante.

Quelle crème choisir ?

Une crème de jour ou de nuit doit être hydratante et/ou nourrissante. Ensuite, elle aura une action spécifique selon vos besoins et votre type de peau. Lisez toujours bien la liste des ingrédients qui la composent. Essayez de choisir des crèmes qui contiennent des matières premières de qualité.

• Toutes les **marques de cosmétiques bio** ont leurs crèmes de jour et de nuit.
• Aujourd'hui, il existe des crèmes façon baume à base de **beurre de karité,** qui nourrit parfaitement les couches supérieures de l'épiderme. Il s'applique en très petite quantité.
• Méfiez-vous des **crèmes aux acides de fruits**. Vérifiez toujours si votre peau les supporte. Elles sont souvent très abrasives et peuvent provoquer allergies, rougeurs et desquamation.
• Les crèmes de nuit sont souvent dites « **trop grasses** ». Si c'est le cas, c'est soit que vous en mettez en trop grande quantité, soit qu'elles ne sont pas adaptées à votre type de peau.

• Ne pensez pas que le **prix** d'une crème est obligatoirement en rapport avec son efficacité. L'essentiel est qu'elle soit en accord avec votre type de peau et avec les soins spécifiques que vous souhaitez lui apporter. Ce n'est donc pas son prix, mais la régularité avec laquelle vous l'appliquerez qui la rendra efficace. Le but recherché est que votre peau soit souple, lumineuse et saine. Si vous obtenez ce résultat avec un cosmétique bio à prix raisonnable, ne culpabilisez pas en pensant que si vous dépensiez 40 euros de plus dans une autre crème, les effets seraient bien plus fulgurants. Détrompez-vous.

Peut-on remplacer la crème de jour ou de nuit par une huile végétale biologique ?

« Quoi, encore de l'huile ? » Eh oui, figurez-vous que les huiles sont de vraies mines d'or dont vous ne soupçonnez même pas le potentiel. Il en existe pour toutes les peaux, toutes les pathologies. Vous pouvez même créer votre propre soin personnalisé en les additionnant selon leurs vertus et ce que vous recherchez pour votre type de peau. Dans l'étape 1 du layering (le démaquillage à l'huile), je vous ai présenté quelques-unes d'entre elles et leurs vertus (voir page 12). Elles peuvent démaquiller, mais aussi être un réel soin pour votre peau et se substituer efficacement à vos crèmes. Vous pouvez donc utiliser une huile démaquillante et une huile de soin nourrissante, sans pour autant avoir la peau luisante et boutonneuse !
Ce qui est intéressant dans le fait de nourrir et de soigner votre peau avec des huiles végétales pures, c'est que vous utilisez des matières brutes, sans aucun additif chimique ni polluant pour votre épiderme. Un exemple : vous avez sûrement déjà entendu parler de l'efficacité anti-âge de l'huile d'argan, qui est vantée comme composant actif dans telle crème dite « antiâge » de tel fabriquant. Mais pourquoi choisir d'utiliser une crème contenant 1/20 de cette huile, additionnée de produits chimiques, pour espérer en tirer les meilleures qualités ? Le secret ne serait-il pas de mettre de côté notre amour du packaging et le rêve que nous procure l'actrice qui vante ce produit, pour simplement aller à l'essentiel ? Je sais que l'industrie cosmétique nous a conditionnées à penser que les huiles végétales pures ne sont pas efficaces, qu'elles ne peuvent pas être nourrissantes... et qu'elles vont boucher les pores de notre peau. Encore une fois, tordez le cou aux a priori et faites-vous votre propre opinion ! La simplicité peut parfois se révéler bien plus efficace que des soins à la composition trop élaborée et dont les ingrédients ne sont pas naturels.

Voici plusieurs huiles végétales qui sauront vous apporter satisfaction, selon votre type de peau. Elles ne sont pas comédogènes. Comme toujours, il faut apprendre à doser pour ne pas trop huiler votre visage. Trois, voire 4 gouttes, que vous chaufferez préalablement entre vos mains en les frottant l'une contre l'autre, seront suffisantes. Si cela n'est pas assez pour enduire aussi votre cou, reprenez-en 1 ou 2 gouttes et effectuez les mêmes gestes. Si jamais vous avez eu la main trop lourde, retirez l'excédent d'huile en tapotant votre visage avec un mouchoir en papier.

Pour les peaux grasses ou mixtes

L'huile de jojoba

Elle pénètre en profondeur dans la peau sans laisser de film gras en surface. Elle a des propriétés cicatrisantes et rééquilibrantes. En effet, elle régule les sécrétions de sébum, ce qui est parfait pour les peaux sujettes aux imperfections.

L'huile de nigelle

Elle a une action purifiante et cicatrisante. Elle est parfaite pour lutter contre les imperfections. Attention cependant à ne pas en mettre autour des yeux, car elle contient en quantité moindre de l'huile essentielle.

L'huile de noisette

Elle régule la production de sébum des peaux grasses. Protectrice, cicatrisante et adoucissante, elle apporte souplesse et pureté à la peau.

Pour les peaux sèches

L'huile de sésame

Régénérante, assouplissante et antioxydante, elle est parfaite pour « réparer » les peaux sèches et leur rendre leur souplesse.

L'huile d'avocat

Assouplissante, régénérante, cicatrisante et calmante, elle est l'alliée parfaite des peaux très sèches. Elle redonnera sa souplesse à votre peau et la nourrira parfaitement, tout en luttant contre le vieillissement cutané.

L'huile d'argan

Nourrissante, assouplissante, raffermissante et cicatrisante, elle est parfaite pour les peaux sèches et déshydratées.

Pour les peaux matures

L'huile de rose musquée

Composée de nombreux antioxydants, elle lutte efficacement et visiblement contre les rides. Elle assouplit la peau et lui redonne du tonus.

L'huile de noyau d'abricot

« Illuminatrice », régénérante, tonifiante et revitalisante, elle lutte efficacement contre les effets du vieillissement. Elle donne un coup d'éclat à la peau.

L'huile d'onagre

Elle lutte efficacement et visiblement contre les rides. Adoucissante, revitalisante et hydratante, elle redonne de la souplesse aux peaux fatiguées.

Pour toutes les peaux et ma préférée

L'huile de coco (sous forme solide)

Elle sent divinement bon et surtout, elle s'adapte à tous les types de peaux. Nourrissante et antibactérienne, elle permet de prévenir l'apparition d'éventuelles imperfections et de les traiter. C'est mon huile « coup de cœur ».

La plus appréciée des Japonaises

L'huile de camélia

Elle ralentit la déshydratation et permet de lutter contre le vieillissement prématuré de la peau. Elle est nourrissante, protectrice, adoucissante et assouplissante, et elle a des vertus émollientes. Les Japonaises l'utilisent aussi bien pour le visage que pour soigner leur longue chevelure noir de jais.

Étape 7 :
le baume à lèvres

Voici la touche finale de votre *layering* !
Elle a pour but d'hydrater vos lèvres et de les protéger
des agressions extérieures : humidité, sécheresse,
changements de température...
Des lèvres douces sont la cerise sur le gâteau
d'un visage entièrement net et hydraté.
C'est avec elles que vous allez encadrer votre plus beau sourire
ou déposer vos plus doux et affectueux baisers.
Elles ne doivent pas être négligées ni oubliées !

Quel baume choisir ?

Vous trouverez facilement des baumes à lèvres en pharmacie ou en magasin bio. Choisissez un bon stick qui ne quittera pas votre sac à main ! Vous pouvez même vous amuser avec des baumes à lèvres rosés ou au goût parfumé, pour une touche plus féminine.

Le beurre de karité est un excellent baume à lèvres. Il lutte efficacement contre le vieillissement cellulaire. Il est apaisant, cicatrisant et hydratant. Mais attention ! Plus le beurre de karité est blanc et sans odeur, plus il est raffiné, donc de moindre qualité et moins efficace. Je vous conseille d'en acheter en magasin bio. Il peut sembler cher de prime abord, mais il dure très longtemps.

Astuce : brossez-vous aussi les lèvres avec votre brosse à dents (souple). Cela favorise la circulation sanguine, retire les peaux mortes et assouplit !

Le masque de coton des Japonaises

Les Japonaises, vous l'aurez compris, aiment prendre soin de leur peau. Le layering est un de leurs grands secrets, mais en voici un autre, tout aussi important et à ne surtout pas négliger si vous voulez des résultats rapides et visibles. Ce masque a pour but d'optimiser l'efficacité de votre lotion. Ainsi, votre peau prendra un « coup de fouet » dès la première application. Comme pour tout soin, c'est la régularité de ces applications qui fera des miracles. Votre peau sera rafraîchie, repulpée, et son grain affiné. Et non seulement ce masque lui fera du bien, mais son temps de pose vous apportera aussi un sentiment de délassement et de plaisir total !

Pour le réaliser, rien de plus simple. Vous pouvez le confectionner toute seule et avec très peu de matériel. Vous aurez besoin :

- de mouchoirs en papier ou de compresses de tulle vendues en pharmacie ;
- de ciseaux propres ;
- d'une petite assiette plate ;
- d'un brumisateur d'eau minérale ;
- de votre lotion quotidienne.

Attention, votre peau doit être préalablement nettoyée (étapes 1 et 2 du layering) et vos mains propres.
Commencez par prendre un mouchoir en papier ou une compresse. Une fois ouvert, il doit être assez grand pour recouvrir votre visage. Pliez-le en deux. À l'aide de ciseaux, découpez-y une forme pour vos yeux, puis une pour votre nez et une dernière pour votre bouche.
Ouvrez votre masque et étalez-le sur une assiette plate. Humectez-le (mais pas trop, il risquerait de se déchirer) entièrement d'eau thermale en spray. Finissez en l'imbibant de votre lotion.
Avec délicatesse, prenez-le à deux mains et disposez-le sur votre visage, de manière qu'il soit bien collé à votre peau. Il ne doit plus faire qu'un avec votre visage. À cette étape, vous voilà momifiée : attention à ne pas effrayer votre entourage !
Laissez sécher votre masque. Une fois qu'il est sec, retirez-le. Vous vous sentirez alors toute neuve ! Votre peau sera douce et souple. Ce masque donne la sensation d'une peau saine et fraîche.
Vous pouvez l'appliquer aussi souvent que vous le souhaitez, mais pas plus d'une fois par jour. Accomplissez ensuite les étapes 4, 5, 6 et 7 du layering.

Le masque
à la farine de riz

Les Japonaises connaissent les bienfaits du riz sur leur peau. Il est riche en vitamines B, en phosphore et en magnésium. Elles utilisent la farine de riz depuis des millénaires ; c'est un soin qui se transmet de génération en génération, reconnu pour ses propriétés matifiantes et absorbantes. Voici la recette du masque de riz, dont les Japonaises raffolent et qui a pour vertu de donner une peau lisse, fine et soyeuse. Il sera parfaitement toléré par les peaux sensibles et réactives. Attention, votre peau doit être préalablement nettoyée (étapes 1 et 2 du *layering*).

Dans un bol, versez 1 cuillerée à soupe de farine de riz bio et un tout petit peu de lait, pour obtenir une pâte homogène et pas trop liquide. Réchauffez très légèrement 1 cuillerée à soupe d'huile de sésame au bain-marie. Elle ne doit surtout pas être chaude ni bouillante, mais juste tiède. Cette étape de réchauffement est donc très rapide. Si vous l'avez fait trop chauffer, laissez-la reposer quelques minutes et ne l'utilisez qu'une fois qu'elle est tiède. Le but n'est bien sûr pas de vous brûler la peau !
Par touches, appliquez l'huile tiède sur votre visage. Étalez ensuite par-dessus votre mélange de farine de riz et de lait, en couche épaisse.
Gardez votre masque environ 15 minutes. Rincez-le à l'eau.
Vous pouvez affiner ce soin en le terminant par un passage de glaçon au thé vert (voir page 21). Accomplissez ensuite les étapes 4, 5, 6 et 7 du *layering*.

Le bain de vapeur
du visage

Voici un rite de beauté connu et pratiqué depuis la nuit des temps. Il a pour but de délasser et relaxer, mais surtout de nettoyer votre peau en profondeur, de la débarrasser de ses impuretés tout en favorisant la circulation sanguine. Ce bain de vapeur est à effectuer sur une peau préalablement nettoyée (étapes 1 et 2 du *layering*).

Faites chauffer un grand volume d'eau (environ 1,5 à 2 litres).
Une fois que l'eau est fumante, versez-la dans un large bol en bois ou en plastique (pas en verre). Ajoutez-y 1 cuillerée à soupe de thym, de thé vert, ou encore 10 gouttes d'huile essentielle de citron ou de lavande.
Assise à une table, placez votre visage au-dessus du bol et couvrez votre tête d'un linge (torchon ou serviette) propre, comme pour une inhalation en cas de rhume. Fermez les yeux et restez à environ 20 cm de la surface de l'eau. Le but n'est pas de vous brûler : si la chaleur de la vapeur dégagée est trop forte, reculez votre visage de l'eau. Plus votre peau est sensible et réactive, plus vous devrez vous éloigner de la surface de l'eau.
Ce bain de vapeur peut durer 10 à 15 minutes. Rincez ensuite votre visage. Je vous conseille d'y passer un glaçon de thé vert juste après, pour resserrer vos pores et optimiser l'effet dynamisant et liftant de celui-ci.
Passez ensuite aux étapes 3 (seulement si vous n'avez pas passé de glaçon au thé vert sur votre visage), 4, 5, 6 et 7 du *layering*.

L'exfoliation

Pour avoir une peau nette, saine et lumineuse, rien de tel que de faire une fois par semaine un gommage. En effet, celui-ci permet de retirer les peaux mortes susceptibles de donner un teint terne et de boucher les pores. Attention cependant à ne pas agresser ni décaper votre peau. Ce n'est absolument pas le but recherché.

Quelle que soit la nature de votre peau, je ne peux que vous conseiller de choisir des soins doux. Vous trouverez des gommages préfabriqués de qualité dans toutes les gammes de cosmétiques bio. Choisissez des gommages pour peau sensible, plus doux et respectueux de votre épiderme.
Lorsque vous appliquez votre gommage, ayez des gestes souples. Vous ne devez pas frotter comme si vous récuriez une poêle. Faites des mouvements circulaires, sans brusquer votre peau.
La plupart des gommages se font sur une peau préalablement humidifiée. Surtout, faites le vôtre après avoir nettoyé votre visage. N'oubliez pas ensuite de bien le rincer à grande eau ; c'est une étape importante pour que le résultat soit satisfaisant.
Après un gommage, vous pouvez aussi faire un masque.

Les Japonaises aiment les recettes de grand-mère. Elles n'hésitent pas à utiliser des ingrédients qu'elles trouvent dans leur cuisine pour préparer leurs soins de beauté. C'est une manière efficace, économique et ludique d'employer des matières premières fraîches, brutes et de qualité, pour un résultat optimal. Voici quelques-unes de ces recettes pour effectuer des gommages doux chez vous.

Gommage au yaourt, à la poudre d'amande et au miel

Dans un petit yaourt nature, ajoutez 2 cuillerées à soupe de poudre d'amande et 1 cuillerée à café de miel. Mélangez bien le tout.
Appliquez ce mélange sur votre visage, en évitant les contours des yeux et de la bouche.
Massez délicatement, en insistant sur la zone T (front, nez, menton). Évitez le contour des yeux.
Rincez votre visage à l'eau tiède.

Astuce : si vous avez les pores dilatés, remplacez le miel par 1 cuillerée à soupe de jus de citron.

Gommage à l'huile d'olive et au sel fin

Mélangez 2 cuillerées à soupe de sel fin et 1 à 2 cuillerées à soupe d'huile d'olive.
Appliquez ce mélange sur une peau humide, en faisant de doux mouvements circulaires.
Rincez votre visage à l'eau tiède.
Lavez-vous ensuite au savon pour retirer le film gras laissé par l'huile d'olive. Évitez le contour des yeux.

Gommage au yaourt et au sucre en poudre

Mélangez 3 cuillerées à soupe de yaourt nature et 2 cuillerées à café de sucre en poudre.
Appliquez ce mélange sur une peau humide, en faisant de doux mouvements circulaires. Évitez le contour des yeux.
Rincez abondamment votre visage à l'eau tiède.

Bonus : votre corps a lui aussi besoin d'être exfolié. Faites ces mêmes gommages maison, en doublant les quantités.

Bains et massages

Les bains purificateurs

Les Japonaises aiment prendre des bains purificateurs. Le bain devient alors un soin santé à part entière, d'où l'importance de s'être préalablement lavée.
Le but est de transpirer pour éliminer les toxines et délasser le corps. L'eau doit être bien chaude, entre 38 et 41 °C. Pas besoin d'y macérer trop longtemps, 10 à 15 minutes sont suffisantes. Il est conseillé de boire plusieurs tasses de thé vert ou des verres d'eau minérale avant d'y entrer, pour favoriser l'élimination des toxines par la sueur.
Pour adoucir la peau, vous pouvez ajouter dans l'eau du bain 1 cuillerée à soupe d'huile végétale. Les pores étant dilatés par la chaleur de l'eau, l'huile végétale est parfaitement absorbée par la peau. Une des plus utilisées à cet effet par les Japonaises est l'huile de camélia, qui nourrit en profondeur l'épiderme. Pour ma part, j'aime employer l'huile de coco, qui ajoute à ce moment de détente une fragrance exotique particulière.
Après ce bain, les Japonaises sortent de l'eau, s'enroulent dans une serviette et vont s'allonger quelques minutes pour terminer de transpirer. Pour ensuite se donner un « coup de fouet », elles se rincent à l'eau tiède, puis fraîche. Cette phase relance le métabolisme et favorise une meilleure élimination des toxines.

Les massages

Les massages font aussi partie de leurs secrets de beauté ancestraux. On raconte qu'elles se tapotent cent fois le visage pour favoriser une meilleure circulation sanguine. Elles sont friandes des automassages, qui stimulent leurs vaisseaux sanguins et repulpent leur peau. Dans leur trousse de toilette, vous trouverez facilement des objets en forme de petit rouleau, qui ont pour but de masser le visage de manière douce. Ces petits objets sont réputés pour être aussi des soins d'acupuncture permettant de masser des endroits clés du visage.
De nombreux massages ancestraux du Japon ont fait leur apparition en Europe. Le shiatsu en est un des plus répandus. On découvre aussi le massage dit « kobido », qui est un soin esthétique et énergétique pour le visage. Il aurait un effet antivieillissement, rajeunissant et liftant sur la peau. Les massages japonais se concentrent sur la carte de nos méridiens et ont pour but de ramener l'équilibre et la santé dans le corps, par des points de pression, des gestes de modelage plus ou moins forts sur des zones ciblées.

Prenez donc le temps de vous prodiguer des automassages. Lorsqu'il s'agit du visage, gardez en tête que vos gestes doivent être doux pour ne pas déformer ou abîmer votre peau. Lavez-vous toujours les mains avant d'effectuer un massage. Par des mouvements de rotation, de pression et de caresse toujours dirigés vers le sommet du crâne, accordez-vous un vrai moment de détente, de soin et de bien-être. Vous pouvez chauffer 1 goutte d'huile de sésame entre vos mains, pour accompagner et faire glisser plus facilement vos mouvements.
Les massages sont de vrais moments d'intimité avec votre corps. En couple ou avec une amie, accordez-vous mutuellement quelques séances qui vous feront retrouver paix et harmonie, tout en ayant une meilleure connaissance de votre corps et de vos sensations. Si vous en avez les moyens financiers, prenez plaisir à vous offrir les mains de professionnels dans des salons d'esthétique dédiés à ce type de massages.

Le brossage corporel

« Se brosser le corps, mais quelle drôle d'idée ! » Voilà encore un geste simple et efficace auquel nous, Européennes, sommes peu sensibilisées. Nous connaissons toutes la brosse à dents, la brosse à cheveux, la petite brosse pour se nettoyer les ongles, mais une brosse pour le corps ? Pourtant, se brosser le corps est un geste de beauté et de santé quotidien adopté par les Japonaises depuis des siècles.
Ce brossage se réalise à sec, avant de prendre votre douche du soir ou simplement d'enfiler votre pyjama. Pour cela, vous devez vous munir d'une brosse douce, par exemple en poils de sanglier. Vos gestes doivent être doux et vous devez effectuer des mouvements de bas en haut, pour faire remonter le sang vers le cœur. N'oubliez pas de brosser vos pieds et vos mains.
Ce rituel a de nombreux avantages, comme ceux d'oxygéner votre sang, d'éliminer les peaux mortes, de faire évacuer les toxines, de renforcer le système immunitaire et d'apporter une sensation de bien-être ainsi qu'une parfaite harmonie avec votre corps. Vous découvrirez une peau toute douce et lumineuse. Accompagné d'une bonne hygiène de vie, ce genre de geste vous aidera à lutter à moindre coût contre la disgracieuse peau d'orange. Il paraît que le corps est comme un deuxième cerveau et qu'il garde dans ses tissus nos stress, nos blessures morales... Voilà donc une manière de l'aider à s'en débarrasser et de le dégager de tous ces souvenirs incrustés qui, à long terme, peuvent l'intoxiquer.

Une recommandation cependant. Évitez de brosser votre corps si vous êtes atteinte d'une maladie grave, de blessures ou de nombreuses varices. Si vous avez un doute, demandez l'avis de votre médecin. Vous pouvez si vous le voulez, brosser la peau de votre visage mais, encore une fois, avec une douceur très mesurée. Utilisez pour cela une petite brosse aux poils naturels conçue et achetée spécialement pour cette zone délicate. Ne le faites jamais avec votre brosse pour le corps...

Cache-cache avec le soleil

Au Japon, la beauté d'une peau est fondée sur un critère que nous ne connaissons plus en Occident : la blancheur, le teint de lys. Au contraire, aujourd'hui, nous avons plutôt l'habitude de nous exposer au soleil pour avoir « bonne mine ». Notre définition de la « bonne mine » est en totale contradiction avec les critères de beauté japonais.

En effet, le teint ivoire est synonyme de fraîcheur, d'hygiène, d'innocence et de féminité pour les Japonaises. Elles se protègent énormément du soleil et de ses méfaits sur la peau : taches et vieillissement prématuré. Leur but est d'avoir un teint d'une blancheur immaculée. C'est donc pour cette raison qu'elles jouent à cache-cache avec le soleil. Lunettes, ombrelle, chapeau et crème solaire sont pour elles des incontournables ! Le Japon est numéro un mondial des ventes de produits cosmétiques anti-UVA et anti-UVB luttant contre les effets néfastes du soleil.

Ce jeu de cache-cache avec l'astre de feu est un des secrets de jouvence des peaux japonaises. C'est pour cette raison que les Japonaises paraissent souvent 10 ans plus jeunes que les Occidentales du même âge.

Vous aussi, vous pouvez préserver votre capital jeunesse, en ajoutant à votre *layering* une étape supplémentaire qui consiste à appliquer une crème solaire, bien évidemment en toute petite quantité. Appliquez-la sur votre visage et votre cou, par tapotements, après votre crème ou votre huile de soin (étape 6 du *layering*). Pensez aussi à en mettre sur le dessus de vos mains, qui sont facilement marquées par des taches de soleil et de vieillesse.

Le rituel du layering capillaire

Comme vous le savez désormais, le *layering* est un concept qui s'organise autour de la superposition de « couches » de soins pour optimiser la beauté et la vigueur de votre chevelure.
Chaque « couche » représente une étape et un bienfait. L'ordre chronologique de ces étapes doit être scrupuleusement respecté.

- **Étape 1 :** le bain d'huile.
- **Étape 2 :** le double shampoing.
- **Étape 3 :** le soin démêlant.
- **Étape 4 :** le soin brillance.
- **Étape 5 :** le séchage et le coiffage.

Cette pratique capillaire a pour but de tirer le meilleur parti de votre capital cheveux. Sachez qu'il faut répéter longtemps les gestes de soins pour qu'ils deviennent une habitude, donc une routine, et qu'elle seule fera la différence et sera le gage de votre réussite.

Étape 1 :
le bain d'huile

Le bain d'huile

Nos cheveux sont normalement fabuleux. En effet, la nature les a dotés d'une couche de protection : le sébum. Seulement, la nature ne se doutait pas que nous mettrions à rude épreuve cette fantastique gaine naturelle, et qu'elle ne suffirait plus pour lutter efficacement contre les pollutions extérieures et intérieures qui font partie de notre quotidien.

Tous les jours, nos cheveux sont confrontés à des facteurs intoxicants et usants comme les variations climatiques (froid, vent, chaleur, écarts de température), les rayonnements UVA et UVB du soleil, la fumée de cigarette, les gaz d'échappement, l'ozone, les hydrocarbures, le calcaire de l'eau... mais aussi à nos propres choix en terme de soins : le fer à friser, le sèche-cheveux brûlant, des shampoings abrasifs par leur contenu de pétrochimie... On ne pense jamais assez aux polluants intérieurs que sont le stress, les médications hormonales, les médicaments ou encore une alimentation désordonnée, trop grasse, pauvre en nutriments et pleine de pesticides et de métaux lourds...
Alors que faire pour secourir une chevelure asphyxiée qui a besoin de se fortifier ?

Les Japonaises ont trouvé un allié : le bain d'huile.

Un bain d'huile ? Le terme imagé peut en effet surprendre de prime abord. Mais ne vous inquiétez pas, je ne vous parlerai pas de litres d'huile avec lesquels vous gorgerez vos cheveux. Tout est une question de dosage.
En effet, il va s'agir ici d'effectuer un « bain d'huile » d'une demi-heure avant de réaliser votre shampoing. D'ailleurs vous pouvez, si le cœur vous en dit, garder ce soin toute la nuit qui précède votre shampoing. Cela dépendra de votre envie du moment et du temps dont vous disposez.

Comment réaliser un bain d'huile ?

Choisissez une huile végétale biologique qui corresponde à votre caractère de cheveux et au type de soins que vous souhaitez lui apporter. Appliquez votre huile, petit à petit, sur l'ensemble de votre chevelure. Si vous avez la peau du crâne grasse, évitez cette zone et focalisez-vous sur les pointes. Si vous avez un cuir chevelu normal à sec, vous pouvez appliquez quelques gouttes d'huile directement sur votre tête en effectuant un massage circulaire du bout des doigts. Huilez vos longueurs et vos pointes sèches. Tout l'art sera dans le dosage : ni trop ni trop peu. Vous ne devez surtout pas « dégouliner » d'huile. Il vous faudra peut-être plusieurs essais pour trouver votre juste dosage. Évidemment ce dosage s'applique aussi en fonction de la longueur de vos cheveux. Il vaut mieux ne pas en mettre assez plutôt que trop si vous ne voulez pas vous retrouver avec des cheveux gras pendant une semaine malgré de nombreux shampoings.

Optionnel : Pour améliorer l'efficacité de votre bain d'huile, vous pouvez « emballer » vos cheveux dans un film plastique étirable. Puis, par-dessus ce « bonnet » improvisé, enturbannez une serviette que vous aurez préalablement chauffée sur un radiateur. Cet effet de chaleur favorisera la pénétration de votre huile végétale en provoquant l'ouverture des écailles des cheveux.

Attention : Comprenez bien que ce soin aura pour qualité d'entourer vos cheveux d'une gaine lissante et adoucissante. On ne peut pas « réparer » un cheveu abîmé. Les soins qui vantent cette idée sont mensongers et souvent bourrés de silicone, ils vous donneront une fausse impression de « réparé » alors que votre cheveu continuera à s'user et à se fragiliser. Passer aux soins naturels et biologiques, c'est prendre soin et soigner la texture profonde de vos cheveux, sans artifices « pansements ».
Voici quelques exemples d'huiles végétales et leurs bienfaits pour vos cheveux :

L'huile de camélia

L'élixir des Japonaises ! C'est leur huile de prédilection. Elle gaine et fortifie l'ensemble de la chevelure et s'adapte à tous types de cheveux. Elle soigne les cheveux secs et cassants en leur redonnant du tonus et du gonflant.

L'huile d'olive

Parfaite pour les cheveux ternes et les crânes irrités, elle nourrit en profondeur les cheveux et leur apporte de la brillance.

L'huile de macadamia

Au toucher sec, elle est parfaite pour lutter contre les agressions extérieures. Son usage est conseillé pour les cheveux colorés et abîmés.

L'huile de noix de coco

Parfaite pour les cheveux bouclés et frisés. Elle est très efficace pour lutter contre les fourches et les cheveux secs et dégage, de plus, une délicieuse fragrance.

L'huile d'avocat

Conseillée pour les cheveux ternes et secs, elle stimule aussi la pousse. Elle donne vigueur et brillance aux cheveux.

L'huile de noix du Brésil

Huile sèche, elle permet de nourrir les cheveux en profondeur sans trop les graisser. C'est l'allié des cheveux fins qui ne supportent souvent pas la lourdeur des autres huiles. Parfaite pour lutter contre les cheveux abîmés.

L'huile de ricin

Elle a pour particularité de favoriser la croissance des cheveux. C'est une huile très épaisse et visqueuse mais très efficace. Elle est un très bon soin pour les cheveux secs et un parfait allié pour enrayer la perte des cheveux.

L'huile de jojoba

Parfaite pour les cheveux gras, elle normalise la production de sébum. Elle lutte contre les cheveux secs et cassants et favorise la brillance et la souplesse des cheveux. Elle permet d'enrayer la perte des cheveux.

Information : Il est important de choisir des huiles biologiques, mais il est aussi impératif qu'il soit noté sur les bouteilles « première pression à froid ». C'est un gage de qualité et de richesse nutritive.

Étape 2 : le double shampoing

Vous avez certainement déjà entendu dire que se laver les cheveux trop souvent n'était pas bon. En effet, plus vous espacerez vos shampoings, mieux vos cheveux se porteront. Un à deux shampoings par semaine est largement suffisant.

Beaucoup d'entre nous ont une obsession maladive du cheveu « propre », donc lavé. Seulement, à force de shampouiner quotidiennement leur belle chevelure, elles finissent simplement par agresser et user en profondeur la fibre capillaire. Non seulement la composition des shampoings et l'effet moussant (abrasif) va abîmer les cheveux sur la durée, mais se rajoute à cela l'attaque du chlore et du calcaire contenus dans l'eau du robinet.

Ah, c'est si bon de faire dégouliner de l'eau chaude, presque bouillante sur soi, sur ses cheveux ! Oui, c'est peut-être fort agréable physiquement, mais malheureusement, vos cheveux souffrent de l'eau trop chaude. Lors du shampoing, les Japonaises préfèrent utiliser de l'eau tiède pour ne pas abîmer leur longue et épaisse chevelure.

Comment réaliser un double shampoing ?

Vos cheveux sont donc huilés par le bain d'huile de l'étape 1 du layering capillaire. Commencez par vous passer la tête sous l'eau tiède, puis procédez à un premier shampoing. N'utilisez pas pour cela une trop grosse quantité de produit, munissez-vous d'une petite coupelle dans laquelle vous diluerez préalablement votre shampoing dans un peu d'eau. Appliquez-le ensuite directement sur vos cheveux déjà mouillés. Effectuez votre massage lavant avec des gestes précis et délicats. Ne frottez pas votre crâne avec excitation et acharnement, en faisant cela vous abîmerez et casserez vos cheveux. Placez vos doigts de manière à utiliser les « pulpes » et non les ongles et réalisez des mouvements circulaires par pression. La peau de votre crâne doit bouger mais pas froisser vos cheveux. Une fois ce premier shampoing fait, rincez à l'eau claire. Reproduire ces mêmes gestes pour votre second shampoing, qui finira de retirer complètement l'excès d'huile s'il y en avait encore. Rincez à nouveau.

Shampoings personnalisés maison

Si vous achetez vos shampoings en magasin, prenez bien soin de lire les ingrédients sur les étiquettes. Trop nombreux sont les soins et les shampoings qui ne vous apporteront qu'une réponse « éphémère ». Plus un shampoing mousse, plus il sera « décapant » pour vos cheveux.
Vous pouvez aussi choisir une base de shampoing très neutre et y incorporer vous-même votre soin spécifique en utilisant des huiles essentielles. Pour cela c'est très simple. Munissez-vous d'une petite coupelle, dans laquelle vous diluerez votre shampoing dans un peu d'eau. Ajoutez-y ensuite 2 à 5 gouttes d'huiles essentielles. Mélangez le tout du bout des doigts et appliquez ce mélange directement sur vos cheveux préalablement mouillés. Effectuez votre massage doux du cuir chevelu comme expliqué précédemment.

Quelques exemples d'huiles essentielles à incorporer dans votre shampoing selon vos besoins :

Pour lutter contre la chute de cheveux

Cèdre, genièvre, citron et romarin, Bay Saint-Thomas.

Cheveux abîmés et fourchus

Bois de rose, santal.

Cheveux gras, avec réactions de peau (pellicules, psoriasis...)

Bay Saint-Thomas, citron, cyprès, lavande, romarin, tea tree.

Cheveux secs

Ylang-ylang, géranium d'Égypte, lavande fine, romarin.

Attention : Les huiles essentielles sont strictement interdites aux femmes enceintes ou allaitantes. Demandez toujours l'avis de votre médecin ou de votre naturopathe.

Shampoings 100% maison

Shampoing au rhassoul pour cheveux gras

Le rhassoul est parfait pour réguler le sébum des cuirs chevelus gras. Cette terre argileuse naturelle se trouve facilement sur internet ou dans les magasins bio. Elle permet de nettoyer et d'adoucir le cuir chevelu tout en douceur. Son utilisation est simple. Il vous suffit de délayer une quantité choisie de rhassoul dans un peu d'eau chaude, de l'appliquer directement sur vos cheveux et de masser. Vous pouvez le laisser reposer quelques minutes, comme un masque capillaire. Rincez-le ensuite comme vous le feriez pour un shampoing. Voilà de quoi rendre vos cheveux brillants, souples et volumineux.

Shampoing antipelliculaire (recette de grand-mère)

Mélangez ½ litre d'eau minérale et 1 cuillerée à soupe de bicarbonate de soude. Utilisez cette composition sur cheveux préalablement mouillés. Émulsionnez et rincez.

Shampoing pour cheveux fatigués :

Ajoutez deux cuillerées à café de miel au jus d'un citron. Mélangez à deux œufs battus puis appliquez sur vos cheveux préalablement mouillés pendant 5 à 10 minutes. Rincez à grande eau.

Attention : Ce shampoing doit être impérativement rincé à l'eau tiède ou fraîche. En utilisant de l'eau trop chaude, vous risqueriez de « cuire » les œufs utilisés dans la préparation...

Étape 3 : le soin démêlant

Les Japonaises ne supportent pas les nœuds. Quoi de plus rageant que de devoir défaire des « nids d'oiseaux » dans une belle et longue chevelure à la sortie de la douche ? S'acharner avec des gestes brusques et une brosse à cheveux souvent inadaptée casse et abîme les cheveux. Pour éviter ce fort désagréable « tirage de cheveux », les japonaises optent pour un soin démêlant lissant.

Comment appliquer votre soin démêlant ?

Le soin démêlant ne s'applique pas comme un shampoing, il ne mousse pas. Prenez-le en petite quantité puis posez-le uniquement sur vos longueurs et non sur l'ensemble de votre tête. Vous risqueriez de graisser votre cuir chevelu. Laissez-le agir quelques minutes avant de rincer.

Choisir votre soin démêlant

Il existe un large choix de soin démêlant dans plusieurs marques de soins capillaires biologiques. N'hésitez pas à choisir le soin le plus doux possible. Vous pourrez le trouvez sous forme de crème ou fluide, mais il peut aussi se présenter sous format « spray coiffant » avec rinçage. Encore une fois, prenez le temps de bien lire les étiquettes. Choisissez des formules simples avec des composants que vous êtes capables de prononcer et de comprendre. Vous pouvez vous amuser à réaliser votre propre soin démêlant maison. Voici deux recettes très simples et tout à fait efficaces !

Recette maison numéro 1

Ingrédients : 1 jaune d'œuf, le jus filtré d'un citron, du miel.
Placez le jaune d'œuf dans un petit récipient réservé à cet effet. Ajoutez-y 2 cuillerées à café de miel, puis le jus filtré du citron. Mélangez le tout à la fourchette. Votre soin démêlant est prêt à être utilisé. Après avoir rincé votre double shampoing (étape 2), appliquez-le sur les longueurs et non sur la totalité de votre tête. Laissez agir 5 à 10 minutes, puis rincez à grande eau.

Attention : Ce soin démêlant, tout comme le shampoing pour cheveux fatigués, doit être impérativement rincé à l'eau tiède ou fraîche. En utilisant de l'eau trop chaude, vous risqueriez de « cuire » le jaune d'œuf utilisé dans la préparation...

Recette maison numéro 2

Placez des flocons d'avoine dans un grand verre et recouvrez-les d'eau minérale. Comptez un volume de flocons d'avoine pour 7 volumes d'eau.
Mélangez le tout avec une cuillère jusqu'à ce que l'eau devienne laiteuse. Vous obtenez ainsi un « lait d'avoine ». Retirez ensuite les flocons d'avoine et placez votre lait directement dans un flacon pompe spray préalablement lavé et désinfecté. Appliquez ce soin naturel sur vos longueurs pour les démêler tout en douceur. Il n'est pas forcément nécessaire de rincer. Vous pouvez conserver ce spray au frigo pendant 3 jours.

Étape 4 :
le soin brillance

Les Japonaises ont une chevelure non seulement épaisse, longue et en bonne santé, mais aussi brillante, soyeuse, luisante et chatoyante. Et si nous aussi, nous adoptions ces adjectifs pour décrire notre belle chevelure européenne ?

On le vaut bien, non ?

Maintenant que vos cheveux sont nourris, parfaitement nettoyés et démêlés, donnez-leur le dernier petit coup de pouce qui les fera éclater de santé.

Les soins brillance

Pour cette étape, vous pouvez utiliser un soin « brillance », « gloss » ou encore un « soin éclat » que vous trouverez en magasin bio sous toutes les formes : spray, crème ou sérum. Ces soins brillance sont souvent sans rinçage et s'appliquent sur cheveux légèrement humides à la sortie de votre douche. Encore une fois, choisissez des soins biologiques, autant que possible exempts de pétrochimie et autres silicones. Vous n'avez plus besoin de « faux » pour faire du « vrai ».

Cette étape du *layering* capillaire a pour but d'apporter de la lumière à vos cheveux. L'intérêt est de retirer le calcaire provenant de l'eau de vos rinçages ou les traces persistantes du savon de vos shampoings. Ces dernières sont invisibles à l'œil nu, mais assez présentes pour asphyxier votre cuir chevelu et rendre vos cheveux ternes.

Vous l'aurez compris, les Japonaises aiment la simplicité. Voici deux ingrédients que l'on trouve dans leur salle de bain. Ces deux composants seront tout aussi efficaces que n'importe quel soin brillance cosmétique, préfabriqué et onéreux.

Le vinaigre de cidre

Remplissez d'eau froide une bouteille vide et ajoutez-y deux à trois bouchons de vinaigre de cidre biologique. Secouez. Vous pouvez rincer une dernière fois votre cuir chevelu avec cette eau de rinçage qui refermera les écailles de vos cheveux, lissera leur surface et leur apportera une parfaite brillance. L'odeur du vinaigre de cidre peut vous incommoder mais elle est heureusement volatile et ne restera pas accrochée à vos cheveux, soyez rassurée !

Le vinaigre de cidre par son pH proche de celui de la peau sera un parfait soin tant pour le cuir chevelu que pour les longueurs.

Le jus de citron (parfait pour les cheveux gras)

Remplissez d'eau froide une bouteille vide et ajoutez-y le jus d'un demi citron, ou d'un citron entier si vos cheveux sont très longs. Votre jus de citron doit être préalablement « filtré » de manière à ne pas laisser de petits morceaux. Secouez. Vous pouvez rincer une dernière fois votre cuir chevelu avec cette eau de rinçage qui refermera les écailles de vos cheveux, et leur apportera une brillance parfaite.

Pourquoi faire un dernier rinçage à l'eau froide ?

Même si ce dernier rinçage peut paraître désagréable, l'eau froide a pour intérêt majeur d'activer la microcirculation du cuir chevelu, ce qui favorise une meilleure résistance du cheveu et une meilleure pousse. Elle sert aussi à resserrer les écailles tout en apportant de la brillance.

Vous avez maintenant réalisé les 4 étapes essentielles des soins et des gestes adaptés qui vous permettront d'avoir des cheveux beaux et soignés. Il ne vous reste plus que la dernière étape, qui a pour but de les coiffer et de les mettre en forme.

Étape 5 :
Le séchage - coiffage

Saviez-vous que les Japonaises envient nos cheveux souples et bouclés ? C'est drôle de s'imaginer que nous, Européennes, envions leurs longs cheveux raides !

Lutter contre la nature n'est pas la meilleure des solutions pour avoir des cheveux en pleine santé. Essayez d'analyser et de définir votre type de cheveux et aimez-les tels qu'ils sont.

Apprécions ce que nous sommes et apprenons à en tirer le meilleur parti en mettant nos particularités, nos différences en valeur.

Comment sécher vos cheveux ?

Une fois sortie de votre douche, enroulez votre chevelure dans une serviette propre réservée à cet effet. De cette manière vos cheveux vont commencer à être « épongés » en douceur. Retirez votre serviette et passez au séchage. Grâce au soin démêlant de l'étape 3 du *layering* capillaire, vous ne devriez normalement pas avoir à brosser vos cheveux mouillés, ce qui d'ailleurs risquerait de les casser. Le seul passage de vos doigts écartés dans votre chevelure suffira à les démêler et à les coiffer rapidement et en douceur. Pour celles qui ont la possibilité de les laisser sécher naturellement à l'air libre, c'est une façon de procéder simple et respectueuse de votre fibre capillaire. Cependant, évitez de sortir de la maison avec les cheveux mouillés, car ils seront plus fragiles et sensibles aux variations climatiques, mais aussi aux polluants. Les Japonaises ne se couchent jamais les cheveux mouillés, cela les froisse et les abîme inutilement. Si vous êtes une adepte du sèche-cheveux, par rapidité et commodité, choisissez la température basse. Prenez conscience que plus votre séchage sera fort et chaud plus vous allez abîmer la structure de vos cheveux en les rendant toujours plus fragiles et cassants avec le temps. Une astuce de taille ? Séchez-vous les cheveux la tête en bas. Vous leur apporterez un afflux sanguin qui oxygénera les bulbes mais donnera aussi beaucoup plus de volume à votre coiffure. Pour ce qui est de tous les matériaux coiffants comme les plaques chauffantes, les « boucleurs » ou les bigoudis chauffants, ce sont de vraies machines de torture pour vos cheveux. Ne vous laissez pas influencer par les effets de mode, qui vont totalement à l'encontre de la nature même de vos cheveux.

Se coiffer

Les Japonaises laissent le plus souvent leurs cheveux détachés. Elles porteront, à l'occasion, une queue de cheval ou un chignon haut dévoilant leur nuque opaline, symbole de séduction et de féminité. Elles sont conscientes que plus les cheveux sont attachés par des élastiques et des barrettes contenant du métal, plus ils risquent de s'user rapidement et de se fragiliser. Elles choisissent des élastiques souples ou rembourrés, qu'elles veillent à ne pas trop serrer et à ne pas placer toujours au même endroit, ce qui favorise l'usure et la cassure des cheveux. Les Japonaises utilisent aussi des baguettes en bois ou en corne pour faire tenir un chignon en quelques secondes.

À savoir

Pour celles qui souhaitent utiliser des soins « coiffants », vous en trouverez tout un assortiment dans les cosmétiques capillaires biologiques pour vous aider à faire tenir vos coiffures : mousse de coiffage, laque, spray, cire, pâte... Ayez tout de même la main légère pour éviter l'effet carton ou luisant qui ôtera naturel et féminité à votre coiffure.

Des produits coiffants maison

Le spray coiffant

Versez de la bière dans un verre et ôtez-en la mousse. À l'aide d'une cuillère, retirez les bulles en « frappant le liquide », c'est-à-dire en le remuant énergiquement. Une fois les bulles échappées, versez votre liquide dans un contenant spray préalablement nettoyé et désinfecté.
Vous pouvez appliquer ce soin directement sur vos cheveux pour fixer votre coiffure sans effet « carton ». Rassurez-vous, l'odeur de la bière ne sera pas persistante.

Pour les cheveux bouclés

Voici une recette toute simple d'un spray qui redessinera parfaitement vos boucles.
Versez un grand verre d'eau de source dans une bouteille spray préalablement nettoyée et désinfectée, puis ajoutez 5 gouttes d'huile essentielle de lavande fine biologique.
Fermez votre bouteille et secouez-la énergiquement. Votre soin bouclant est prêt. Appliquez-le sur toute votre chevelure en froissant vos cheveux pour leur donner la forme et le ressort des boucles souhaitées. Laissez sécher à l'air libre. Effet garanti ! Ce soin bouclant se conserve une semaine au frigo.

Attention : Les huiles essentielles sont strictement interdites aux femmes enceintes ou allaitantes. Demandez toujours l'avis de votre médecin ou de votre naturopathe.

Vous cherchez « un gel-sérum » naturel ?

Essayez le gel pur d'aloe vera ! Il respectera et fera tenir vos cheveux en toute simplicité. Le gel d'aloe vera se trouve facilement dans des boutiques en ligne ou en magasin biologique. Il se conserve au frigo.

L'élixir japonais : L'huile de Camélia

Soin ancestral des Japonaises, l'huile de camélia a largement fait ses preuves. C'est une référence beauté tant pour la peau que pour soigner tous types de cheveux.

Cette huile a pour vertu de redonner à la chevelure du gonflant, mais aussi de la brillance, du tonus et un gainage incomparable. Elle protège les cheveux des agressions extérieures telles que les UV-B. Cette huile antistatique disciplinera et lissera vos petits frisottis.

C'est un élixir pour les cheveux secs, fatigués et abîmés.

L'huile de camélia est aussi appelée « huile de thé vert ». Elle a la particularité d'être très fluide et d'une fragrance très légère, ce qui la rend agréable et très facile d'utilisation.

En masque

Enduisez-en vos cheveux en faisant attention au dosage. Laissez agir entre 20 minutes et plusieurs heures. Vous pouvez en appliquer sur vos cheveux le soir et procéder à votre shampoing le lendemain.

En sérum de soin

Elle est aussi très efficace. Elle s'utilise par petites touches sur les pointes abîmées. Appliquez-la sur cheveux secs de manière quotidienne. Au fil du temps et de son utilisation, vos cheveux deviendront plus résistants !

En massage

Pour lutter contre la chute des cheveux, déposez quelques gouttes dans le creux de vos mains que vous frotterez l'une contre l'autre pour réchauffer l'huile. Puis appliquez-la directement sur votre cuir chevelu en effectuant un massage doux sur la totalité de votre crâne.

Masques et soins maison

Vous avez sûrement chez vous, sans le savoir, des ingrédients fabuleux pour les soins des cheveux : riz, miel, huile d'olive, citron, œufs... N'est-ce pas extraordinaire cette simplicité à portée de main ? Et tellement efficace !

Détachez-vous des « diktats » de l'industrie et de la mode qui vous poussent à consommer à outrance. Vous pouvez faire des miracles avec très peu et avoir des résultats plus concluants qu'avec tel ou tel soin capillaire onéreux et manufacturé.

Le riz

Le riz, tout le monde en a dans ses placards, et particulièrement les Japonaises, pour qui il est la base de l'alimentation quotidienne.

Un masque à l'eau de riz

L'eau de riz est très riche en amidon et sera l'alliée parfaite pour lisser, fortifier et faire briller vos cheveux. Elle gaine et apporte une certaine « lourdeur » à la chevelure. Si vous avez les cheveux fins, il est possible que ce soin ne vous convienne pas.
Récupérez l'eau de cuisson de votre riz, laissez-la refroidir dans un récipient, puis imbibez vos cheveux, mèche par mèche, avec cette composition maison. N'en mettez que sur les longueurs.
Laissez agir 15 à 30 minutes avant de faire votre shampoing. Résultats très concluants !

Le miel

Le miel est un élixir non seulement pour la peau mais aussi pour les cheveux. Il est cicatrisant et éclaircissant. Il n'est pas du tout conseillé de l'utiliser brut. Veillez à toujours bien le diluer avec plusieurs autres ingrédients.
Voici une recette de soin qui hydratera vos cheveux sans les alourdir. Ce soin est parfaitement adapté pour les cheveux fins.

Ingrédients : 1 cuillerée à café de miel liquide, 10 à 20 pressions de gel d'aloe vera pur.

Bien mélanger les deux composants à l'aide d'une petite cuillère pour obtenir une pâte lisse. Appliquez cette mixture sur vos longueurs, mèche par mèche et laissez agir toute la nuit qui précède votre shampoing. Doublez la recette selon la longueur de vos cheveux.
Vous aurez le plaisir de découvrir, après avoir retiré ce soin en vous shampouinant, des cheveux doux et vraiment soyeux.

kushi : Le peigne en bois

Le secret des Japonaises pour se brosser les cheveux, est un peigne, un peigne en bois qui porte le joli nom de *kushi* .
L'intérêt d'utiliser un peigne en bois aux dents larges est qu'il va vous permettre de brosser et de démêler vos cheveux tout en délicatesse et en évitant les cheveux électriques.
Voilà un objet simple, et pourtant évocateur de toute la sagesse ancestrale féminine de l'autre bout du monde. À vous maintenant de vous approprier cet objet solide et précieux, brut et naturel.
La petite histoire raconte que les geishas lustrent leur longue chevelure en imbibant leur *kushi* de quelques gouttes d'huile de camélia. Ce sont des gestes pleins de féminité, qui pour ma part suffisent à me faire rêver de cette culture japonaise si inspirante et évocatrice d'équilibre !

Le massage à sec

Quoi de plus délassant et antistress qu'un massage crânien ? On oublie souvent de faire ce mouvement simple et efficace pour l'entretien de nos cheveux qui permet surtout d'oxygéner les racines par un flux sanguin. Ainsi la pousse sera stimulée et les cheveux plus beaux et résistants.

Comment effectuer votre massage crânien ?

D'abord ne confondez pas friction avec massage.
L'exercice ne consiste pas à faire bouger les cheveux, mais bien la peau du crâne. Pour cela, vos dix doigts raidis doivent être posés et accrochés sur votre tête. Effectuez ensuite des mouvements circulaires doux mais appuyés et répétez ce geste sur l'ensemble de votre cuir chevelu. Il est conseillé de commencer ce massage en partant de la nuque vers le front, puis des oreilles vers le sommet du crâne.

Le bonnet de nuit en soie

Imaginiez-vous que l'un des secrets des Japonaises pour avoir de beaux cheveux, était de porter un bonnet de nuit ? Cette habitude du bonnet de nuit remonte à plusieurs siècles. En effet, des cheveux longs peuvent vite devenir compliqués à gérer dans un lit, une fois allongée. On les écrase, on les accroche, on les tire en se couchant mal dessus, on les froisse...
Bien sûr vous pouvez opter pour un foulard bien noué qui fera tout autant l'affaire. Choisissez le tissu de votre bonnet de nuit ou foulard d'une composition douce et/ou en fibres naturelles. La soie est la plus recommandée, mais un coton biologique très agréable fera l'affaire.
Cette approche du bonnet de nuit pourra en faire sourire plus d'une, il n'empêche qu'il protège les cheveux des nœuds et de la casse.
Si vous ne vous résolvez pas à adopter le bonnet de nuit en soie, vous pouvez aussi opter pour une natte pas trop serrée de manière à protéger votre chevelure pendant votre sommeil.

Les 10 secrets de l'intérieur pour une beauté harmonieuse

Pour être resplendissante, il faut être propre à l'extérieur, mais aussi purifiée de l'intérieur. Les Japonaises sont connues pour avoir une alimentation saine, favorable à leur beauté. En effet, vous pouvez dépenser votre argent en achetant les crèmes les plus chères du monde, si vous mangez n'importe quoi et à n'importe quel moment de la journée, cela n'empêchera pas votre peau et vos cheveux de vieillir rapidement. Voici les secrets de l'alimentation japonaise qui favorisent en plus de la santé une beauté durable.

Le thé

Les Japonaises ne consomment presque pas d'alcool et encore moins de café, mais elles boivent du thé vert et du thé matcha en grande quantité. Leurs vertus sont maintenant connues mondialement : riches en antioxydants, ils réduisent les risques de cancer.

Le thé vert

C'est une plante fétiche depuis des siècles au Japon. Les feuilles de thé vert sont récoltées jeunes et très rapidement séchées puis roulées. À la différence du thé noir, le thé vert non fermenté est très riche en tanins. Il a de multiples vertus : une forte concentration en antioxydants – ceux-là même qui luttent contre le vieillissement prématuré de nos chères petites cellules –, une action tonique et excitante contre la fatigue, une action diurétique qui favorise l'élimination rénale de l'eau. Il est aussi très riche en vitamine C, en théine et en caféine. Pour qu'il perde son côté excitant, il faut le laisser infuser longuement, de façon à favoriser la diffusion du tanin. Plus le thé sera fort, moins il sera excitant.

Pour celles qui veulent optimiser leur régime, le thé vert favorise le déstockage des graisses et l'élimination des toxines. Sachez aussi que les Japonais ne boivent pas à table. Ils prennent leur thé plusieurs minutes après le repas.

Il est fortement conseillé de boire 3 tasses de thé vert par jour. Le préparer peut tenir du grand art. Privilégiez ce moment en mettant en place un rituel simple, serein et favorable au bien-être. Apprenez à humer votre thé. Variez-en les fragrances. Mettez tous vos sens en éveil et apportez du soin à sa préparation. Choisissez une tasse de porcelaine, une jolie théière du style que vous aimez, et dégustez votre thé vert tel un nectar de jouvence que vous offrez à votre santé et à votre beauté !

Le thé matcha

Le thé matcha est une poudre obtenue à partir de feuilles de gyokuro pour les meilleurs thés, ou de sencha pour ceux de qualité inférieure. L'infusion est verte et mousseuse. C'est un vrai concentré de vitamines !

- Il comprend des vitamines A, B6, C, E, K, de la niacine, de l'acide folique, de la riboflavine, de la thiamine.
- Il est aussi riche en oligoéléments : calcium, magnésium, cuivre, fer, zinc, potassium, phosphore, sodium.
- C'est une bonne source d'acides aminés qui réduisent le stress et favorisent la mémoire.

• Il a une haute teneur en chlorophylle, qui aurait pour propriété de détoxifier le sang.
• Il contient plus d'antioxydants que le jus d'orange.
• Il est très riche en bêtacarotène, bien plus que les épinards et les carottes !
• Par son effet drainant, il favorise la perte de poids.

La « zen attitude » avec les oméga-3 et les oméga-6

« Regarde toujours dans la direction du soleil levant et tu ne verras jamais l'ombre derrière toi. » (Proverbe japonais.)

Une des qualités premières des Japonaises est leur sérénité. Il est désormais prouvé que le stress détruit nos cellules et peut causer un vieillissement prématuré. Si vous êtes anxieuse et stressée, votre peau et vos cheveux en pâtiront, et tous les soins que vous leur apporterez verront leurs effets réduits de moitié. Alors mettez toutes les chances de votre côté : adoptez la « zen attitude » des Japonaises ! Prenez du recul sur tous les événements, cultivez le lâcher-prise et apprenez à respirer, à vous recentrer sur vous-même pour vivre en harmonie et apprécier le moment présent.
Figurez-vous que les oméga-3 et les oméga-6 que les Japonaises mangent en grande quantité (elles consomment de manière régulière des produits de la mer, dont des algues et du poisson, ainsi que du sésame sous différentes formes) sont de vrais antidépresseurs naturels ! Voilà une méthode douce, qui agit sur votre humeur. Souvent oubliés, les oméga-3 sont des acides gras qui font du bien à notre santé physique, mais aussi psychique. N'hésitez pas à en faire des cures. Vous en trouverez sous forme de compléments alimentaires naturels dans tous les magasins bio. Vous nourrirez ainsi votre bonne humeur et votre « zen attitude », tout en favorisant votre beauté physique.

Le soja

Les Japonaises sont friandes de soja, une légumineuse originaire d'Extrême-Orient qu'elles consomment quotidiennement. Le soja est un aliment dont on découvre chaque jour davantage de vertus. Il est très riche en protéines et remplace facilement la viande, le fromage et les œufs. Son plus grand atout est sa haute teneur en phytœstrogènes (isoflavones), qui luttent efficacement contre les radicaux libres et qui auraient un impact sur l'équilibre hormonal. Il diminuerait également

les risques de maladies cardiaques et ferait baisser le taux de mauvais cholestérol dans le sang, grâce à son apport en isoflavones.
On le trouve sous différentes formes dans les magasins bio : tofu, tofu soyeux, lait de soja (qui remplace efficacement le lait de vache), crème de soja (qui remplace la crème fraîche)... Son goût est assez neutre, ce qui lui permet de s'adapter facilement aux compositions salées comme sucrées. Attention cependant à ne pas en abuser. Le soja reste un acidifiant pour l'organisme au même titre que les légumineuses, les céréales, la viande... Un apport de deux fois par semaine est tout à fait suffisant pour tirer parti de ses bienfaits.

Pas de produits laitiers ni de gluten

Contrairement à nous qui consommons en abondance du fromage, du lait de vache et autres aliments riches en caséine, les Japonaises ne mangent pas de produits laitiers. De même, le gluten (qu'on trouve principalement dans le blé) est quasi-inexistant dans leur alimentation, fondée sur un apport en riz important. Ne serait-ce pas là un de leurs secrets de beauté ?
En effet, il semble que les protéines du lait de vache et le gluten sont mal tolérés par notre organisme. Cela provoquerait des pathologies très diverses dont, de manière récurrente, des affections cutanées comme l'acné, l'eczéma et le psoriasis. Nous serions très nombreux à être intolérants à ces deux composants, sans même nous en douter.
Pour ma part, j'ai vu la qualité de ma peau s'améliorer quand j'ai arrêté de consommer des produits laitiers et des aliments contenant du gluten. Pourquoi ne pas essayer à votre tour, juste pour voir ? D'autant qu'aujourd'hui, on peut facilement remplacer le lait d'origine animale par des « laits » végétaux riches en nutriments et savoureux. Vous trouverez en magasins bio des laits et crèmes de riz, de soja, d'avoine, d'amande... Et pour remplacer les céréales qui contiennent du gluten (blé, orge, avoine, seigle, épeautre, petit épeautre...), vous pouvez vous tourner vers le riz, le quinoa, le sarrasin, la châtaigne, la pomme de terre...
Je vous recommande le livre de Marion Kaplan *Alimentation sans gluten ni laitages*, qui vous éclairera sur le sujet.

Bien mastiquer pour mieux digérer et assimiler

L'alimentation japonaise est pauvre en matières grasses, en calories et en sucres raffinés. Un principe important au Japon est de terminer son repas en ayant encore une petite faim. Les Japonaises mangent lentement et avec beaucoup de féminité. Elles ne prennent pas de grosses bouchées. Elles savourent et prennent plaisir à déguster leurs repas. Elles mastiquent bien leurs aliments, ce qui favorise une bonne digestion. Plus votre système digestif sera sain et en pleine santé, plus vous aurez une peau et des cheveux resplendissants. Il est donc fortement conseillé de mastiquer soigneusement les aliments et de prendre son temps pour manger. Vous verrez, au début, on croit se transformer en ruminant... mais ce sentiment passe très vite. Non seulement votre digestion sera meilleure, mais vous découvrirez en plus un secret extraordinaire dans le simple fait de prendre le temps de mastiquer : vous mangerez plus détendu et surtout, vous serez bien plus vite rassasié... Votre ligne autant que votre beauté vous dira merci !

Des légumes et des fruits à volonté

Vous connaissez le slogan « mangez 5 fruits et légumes par jour » ? Les Japonaises, elles, n'ont pas besoin qu'on leur rappelle cette règle d'hygiène alimentaire. Elles sont très friandes des fruits et légumes, dont elles tirent toutes les vertus en les intégrant dans leur alimentation quotidienne.

Elles mangent abondamment des fruits et légumes crus ou peu cuits, qui sont une source non négligeable de nutriments vivants, biodisponibles, favorisant l'éclat et la santé de la peau peau et des cheveux. Quand elles font cuire leurs légumes, elles privilégient les cuissons rapides et/ou douces, comme la cuisson au wok, qui ne demande pas d'ajout important de matières grasses et qui laisse souvent les légumes encore croquants, ou la cuisson à la vapeur, qui permet de conserver les qualités nutritionnelles ainsi que la saveur des aliments. Elles ne consomment que très peu de produits transformés et vont à l'essentiel, à la simplicité, tout en magnifiant les qualités gustatives des aliments. Comme pour vos soins de peau, choisissez des fruits et légumes de qualité biologique et de saison, qui seront bons non seulement pour votre beauté, pour votre santé, mais aussi pour notre planète.

Le gingembre

Les Japonaises sont friandes de gingembre, et pour cause : il est composé d'un grand nombre de nutriments qui en font une bombe de santé, mais aussi de beauté. Bourré d'antioxydants, le gingembre est à lui seul une barrière contre les radicaux libres et protège de manière optimale la peau du vieillissement. Il lutte efficacement contre les troubles digestifs, les ballonnements, les nausées... On dit que c'est un parfait anti-inflammatoire naturel.

Il est facile de faire des cures de gingembre. On en trouve dans les pharmacies et les magasins bio, sous forme de capsules, d'ampoules ou encore d'infusions. Mais de manière plus simple, ajoutez-en dans vos plats salés et sucrés, sous forme de poudre ou en petits morceaux fraîchement découpés. Il relèvera la saveur de tous vos plats, leur apportera un charme corsé. Vous pouvez aussi le râper et l'incorporer dans vos tisanes, pour un effet stimulant. Le gingembre confit est également une pure merveille et est parfait pour satisfaire vos petites fringales tout en réchauffant vos sens.

Le riz

Le riz a de nombreuses vertus. Il est nourrissant et réparateur. Les Japonaises en mangent à tous les repas, le plus souvent joliment présenté dans un petit bol en bois ou en porcelaine réservé à cet usage.
Il ne contient pas de gluten, est très digeste et plus il est complet, plus il apporte de bons nutriments : vitamine B, phosphore et magnésium. Sa consommation réduirait le cholestérol, la tension artérielle et les risques de maladies cardio-vasculaires. C'est une source parfaite d'équilibre en protéines, en lipides et en glucides.
Il est aussi très utilisé en cosmétique japonaise pour matifier, hydrater et unifier la peau. Les qualités et l'efficacité de l'eau de riz, de l'huile de son de riz, des masques de riz et de la crème de riz ont largement été prouvées. Ils font d'ailleurs partie des soins de beauté privilégiés des geishas.

Les algues

Les Japonaises mangent des algues sous toutes leurs formes. Dans l'alimentation japonaise, elles sont là pour compléter un repas, au même titre que des condiments.
Manger des algues, c'est apporter à son corps une vaste palette de nutriments essentiels pour une parfaite santé : iode, calcium, fer, magnésium, zinc, potassium, sodium, fibres et protéines. Sans compter les nombreuses vitamines, notamment A et B (B1, B2, B6). Grâce à leur teneur en iode, les algues aident à lutter contre les dérèglements de la thyroïde. Elles seraient aussi de bons antidépresseurs naturels, luttant contre le stress et l'anxiété. En ce qui concerne la beauté de la peau, elles ont un effet bénéfique contre l'acné. Dans nos contrées européennes, nous n'avons pas trop l'habitude de nous tourner vers les algues. Aujourd'hui, on les trouve toutefois facilement, fraîches ou séchées, dans les magasins bio. Les Européens connaissent particulièrement celle qui entoure les makis, dont ils sont de plus en plus friands : l'algue nori. Riche en oméga-3 et en oligoéléments, elle contient des substances antibactériennes et antivirales qui équilibrent la flore intestinale.

Cependant, tous les palais ne sont pas friands du goût prononcé des algues, ou encore de leur texture. Si c'est votre cas, vous pouvez les absorber sous forme de poudre diluée dans de l'eau, ou encore de comprimés. Les algues ainsi présentées sont assez onéreuses, mais c'est une façon simple d'apporter une bombe de bienfaits à notre santé. Aujourd'hui, on trouve facilement deux algues au rayon des compléments alimentaires : la spiruline et la klamath.
La **spiruline** est une algue bleue qui a une très forte teneur en protéines. Pour les femmes, elle offre un bon apport en fer et a un effet bénéfique sur la qualité de la peau et des cheveux. Riche en éléments nutritifs, elle est un soutien parfait pour votre équilibre cérébral et physique.
La **klamath** est une algue bleu-vert que l'on dit être un « superaliment » encore plus riche que la spiruline (d'où son prix). Elle a pour propriété de stimuler les systèmes immunitaire et cérébral. Riche en éléments nutritifs, elle est un parfait allié pour éliminer et drainer les toxines, et ainsi permettre de retrouver un teint lumineux, exempt d'imperfections.
Connaissez-vous **l'agar-agar** ? Vous le trouverez, notamment sous forme de poudre, au rayon alimentaire de votre magasin bio. Il a une particularité extraordinaire : il gélifie n'importe quel liquide de manière saine et naturelle. Il a aussi un effet laxatif, ce qui lui permet de se classer parmi les aliments favorisant la perte de poids. Ce gélifiant contenu dans certaines espèces d'algues rouges est très prisé des Japonaises pour entretenir leur fine silhouette. Pour découvrir et apprendre à utiliser ce produit en cuisine, je vous renvoie à l'excellent livre de Clea, aux éditions La Plage : *Agar-agar, secret minceur des Japonaises.*

Attention : je vous conseille de bien lire les étiquettes sur les algues que vous achetez. Vérifiez les labels et la provenance, pour avoir une parfaite traçabilité des produits que vous choisissez. Assurez-vous aussi que les produits sous forme de comprimés ou de poudre ne contiennent que l'algue que vous voulez acheter et aucun additif ou conservateur. Ce serait dommage de payer le prix fort pour un produit qui, finalement, verra ses bienfaits divisés par deux ou par trois...

Le sésame

Cette toute petite graine dorée, de forme ovale est pleine de vertus. Elle est riche en vitamines E et B1. Source de minéraux et d'oligoéléments tels que le fer, le calcium, le zinc ou le magnésium, et riche en acide gras insaturés, elle est une panacée pour la santé.
Les Japonaises consomment du sésame quotidiennement. Elles le considèrent comme un remède apportant les bons nutriments pour de beaux cheveux fortifiés. N'hésitez pas à en saupoudrer vos plats pour en tirer toutes ses vertus !

Conclusion

Vous voilà fin prête pour faire vôtre ce rituel de beauté japonais. Vous l'aurez compris, le *layering* est avant tout un double nettoyage de peau (démaquillage et nettoyage), ainsi qu'une double hydratation effectuée à l'aide de soins spécifiques et ciblés, des superpositions de produits fluides, légers et en petite quantité, aux fragrances naturelles et féminines.
Soyez fidèle à votre beauté et à la qualité des soins que vous appliquez. Choisissez des produits naturels, ayez l'exigence de ne pas apporter plus de pétrochimie à votre peau qu'il n'y en a déjà dans l'air.
Partagez le culte de la beauté, la sérénité, l'harmonie et la délicatesse qui définissent si bien les beautés lumineuses du pays du Soleil Levant. Soyez en adéquation avec les éléments, retrouvez le bien-être et la sérénité en prenant soin du temple que sont votre visage, vos cheveux et votre corps.
Accordez-vous une alimentation saine et biologique. Oxygénez-vous le plus souvent possible. Les Japonaises ne rechignent jamais à faire de l'exercice. Votre peau en sera magnifiée !
Devenez la cocréatrice de votre beauté. Prendre soin de soi, c'est s'aimer. Alors aimez-vous généreusement. Bonne chance !

Achever d'imprimé en janvier 2021